C.H.BECK WISSEN

in der Beck'schen Reihe

Die dreißig Jahre zwischen 1618 und 1648 haben millionenfachen Tod, Verwüstung und Barbarei über Mitteleuropa gebracht und die politischen Verhältnisse durcheinandergewirbelt. Georg Schmidt schildert in diesem Band Ursachen, Abläufe und Wirkungen der großen Krise des 17. Jahrhunderts vom böhmischen Ständekonflikt bis zum Westfälischen Frieden und erörtert dabei insbesondere die Bedeutung der Ereignisse für die historische Entwicklung der deutschen Frage. Ein kommentierter Wegweiser durch die wissenschaftliche Literatur ergänzt diese Einführung in eine der dramatischsten Epochen der Neuzeit.

Georg Schmidt ist Professor für Geschichte der Frühen Neuzeit an der Universität Jena. Er hat zahlreiche Veröffentlichungen zur Sozial-, Verfassungs- und Kulturgeschichte der Frühen Neuzeit vorgelegt, darunter vor allem *Der Städtetag in der Reichsverfassung* (1984), *Der Wetterauer Grafenverein* (1989), *Geschichte des Alten Reiches* (1999) und *Wandel durch Vernunft* (2009).

Georg Schmidt

DER DREISSIGJÄHRIGE KRIEG

Verlag C.H.Beck

Meiner Frau und meinen Töchtern

1. Auflage. 1995
2., überarbeitete Auflage. 1996
3. Auflage. 1998
4., überarbeitete und erweiterte Auflage. 1999
5., aktualisierte Auflage. 2002
6. Auflage. 2003
7. Auflage. 2006

8., durchgesehene und aktualisierte Auflage. 2010

Originalausgabe

Satz, Druck u. Bindung: Druckerei C.H.Beck, Nördlingen
Umschlagentwurf: Uwe Göbel, München
Printed in Germany
ISBN 978 3 406 60664 9

www.beck.de

Inhalt

Wo Freyheit ist und Recht, da ist das Vaterland,
Dis ist uns aber nun und wir ihm unbekannt
Daniel von Czepko, 1632

I. Einleitung

Der Anfang war kein «deutscher Krieg» und das Ende kein «nationales Unglück». Die dreißig Jahre dazwischen haben Deutschland und die Deutschen dennoch kräftig in Atem gehalten, millionenfachen Tod, Verwüstung und Barbarei über Mitteleuropa gebracht und die politischen Verhältnisse gehörig durcheinander gewirbelt. Doch die scheinbar so tiefgreifenden Veränderungen erwiesen sich als wenig beständig: Der Westfälische Frieden restaurierte 1648 die verfassungspolitischen Verhältnisse, wie sie sich in der zweiten Hälfte des 16. Jahrhunderts eingependelt hatten. Behutsame Korrekturen sorgten dafür, dass das System «Kaiser und Reich» funktionsfähig blieb. Mit dem Krieg und durch den Frieden wurde die Integration des niederdeutschen Raumes in das «oberdeutsche» Reich abgeschlossen. Erst jetzt bildete der gesamte Raum zwischen den Alpen und den Küsten von Nord- und Ostsee ein Gemeinwesen – keinen Staat im klassischen Sinne, aber ein Mehrebenensystem, in dem viele aufeinander bezogene Entscheidungszentren zusammenwirkten, um «gesamtstaatliche» Aufgaben wie die Außenverteidigung oder die Rechts- und Friedenswahrung erfolgreich zu bewältigen. Die 1648 eingeführte konfessionspolitische Parität sowie die in Richtung auf Duldung und Toleranz verschobenen Regelungen der Religionsfrage haben das Konfliktpotential entschärft, das den Krieg mit verursacht und immer wieder neu entfacht hatte.

Damit ist die Perspektive dieses Bändchens genannt: die Verknüpfung von Ursachen, Abläufen und Wirkungen im Horizont der deutschen Geschichte. Aufgabe des Historikers ist es, einzelne Handlungsstränge aus der Gesamtheit des vergangenen Geschehens so miteinander zu verbinden, dass bestimmte Merkmale und Prozesse erkennbar werden. In diesem Sinne gelten als sinnstiftende Ordnungsmuster für den Dreißigjährigen Krieg: «Konflikt zweier Machtblöcke», «Staatsbildungskrieg», «Kampf um eine ständisch-republikanische oder eine absolutistisch-monarchische Herrschaft», «Konfessionskrieg». Sie verweisen auf Probleme, die in Deutschland wie beinahe überall in Europa zur offenen Austragung drängten. Sie schließen sich nicht gegenseitig aus, sondern ergänzen sich und helfen, das Geschehen in langfristige Entwicklungsprozesse einzuordnen.

Eine Antwort auf die banale Frage nach der Dauer des Dreißigjährigen Krieges ergibt sich keineswegs von selbst. Eine logisch zwingende Einheit bilden die Ereignisse und Entwicklungen zwischen dem Prager Fenstersturz 1618 und dem Westfälischen Frieden 1648 nicht. Dieser Zeitraum lässt sich in zahlreiche Einzelkriege und Friedensschlüsse unterteilen. Die gegnerischen Mächte oder Mächtegruppen veränderten sich in diesen Jahren ebenso wie ihre Ziele. Zum «Dreißigjährigen Krieg» wurden die verwirrend unübersichtlichen und disparaten Handlungsstränge erst durch gedankliche Verknüpfungen zeitgenössischer Beobachter und analysierender Historiker.

Neben der Reformationszeit gehört dieser Krieg zu den am häufigsten behandelten Epochen der frühneuzeitlichen deutschen Geschichte. Erinnert sei nur an die heute noch lesenswerten Arbeiten Friedrich Schillers, Moriz Ritters oder C.V. Wedgwoods sowie an die neueren Synthesen – beispielsweise von Steinberg, Polišenský, Langer, Parker mit seinen Koautoren, Barudio, Schormann, Burkhardt und Asch, zuletzt von Kampmann, Arndt und Wilson, dessen monumentale Darstellung in der Tradition der älteren historischen Großerzählungen steht. Aus den Veröffentlichungen des Jubiläumsjahres 1998 ragt rückblickend der dreibändige Katalog der Ausstellung in Münster und Osnabrück heraus. Hinzu kommen die neueren und älteren Quelleneditionen, eine unübersehbare Fülle von Einzelstudien und Sammelbänden sowie die Gesamtdarstellungen zur deutschen und europäischen Geschichte, die ihre Sicht des Dreißigjährigen Krieges bieten.

Gekämpft wurde im 17. Jahrhundert nicht nur in Deutschland: Die Neuformierung der alteuropäischen Gesellschaft und ihres Staatensystems verlief auch andernorts alles andere als konfliktfrei. Die frühneuzeitlichen Staatsbildungsprozesse mit ihrer Tendenz zur Formierung und Disziplinierung führten zu zahllosen Transformations- und Anpassungskonflikten. Angelsächsische Historiker sprachen von der «allgemeinen Krise des 17. Jahrhunderts». Sie erinnerten unter anderem an den englischen Bürgerkrieg, die großen Volksaufstände in Frankreich, den niederländischen Staatsstreich, die Revolten in Katalonien, Andalusien, Portugal und Neapel sowie an den tiefen Einschnitt des «deutschen» Krieges. Schon die Zeitgenossen haben diese Ereignisse parallelisiert und nach den tieferen Ursachen ihres Zusammentreffens gefragt. Sie fanden Antworten in der Bedrohung durch teuflische Mächte, im zürnenden und strafenden Gott und in Hinweisen auf das angeblich unmittelbar bevorstehende Jüngste Gericht.

Im Mittelpunkt der «Krisendiskussion» stehen ökonomische und politische Erklärungsmuster. Marxistische Historiker sahen in der Krise Begleiterscheinungen des Übergangs vom Feudalismus zum Kapitalismus. Ihre nichtmarxistischen Kollegen bestreiten zwar keineswegs die wirtschaftlichen Hintergründe des Krieges, machen dafür aber die unkontinuierliche Preisentwicklung oder die «kleine Eiszeit» verantwortlich – eine Periode spürbar niedriger Temperaturen seit etwa 1570, mit geringeren Ernteerträgen und latenten Hungerkrisen. Neuere Forschungen zeigen, dass sich in den 1560er und in den 1590er Jahren die Revolten häuften und die ökonomische Krise die verschiedenen Teile Europas zu ganz unterschiedlichen Zeiten ergriff.

Das Erklärungsmuster «allgemeine Krise» verweist nur am Rande auf Deutschland. Der große Krieg stellte hier seit eh und je das Raster zur Ordnung des 17. Jahrhunderts bereit. Angesichts der gewaltigen regionalen Unterschiede in Europa stießen zudem alle einheitlich-systematisierenden Erklärungsansätze schnell an ihre Grenzen. Die Krisensymptome sind allerdings auch in Deutschland unverkennbar: Um 1600 – so Heinz Schilling – war der im Ganzen optimistische Zug des 16. Jahrhunderts verflogen. Die disziplinierenden obrigkeitlichen Eingriffe bedrückten die Menschen und machten ihnen Angst: «Konkurrenzdruck und Zusammenbrüche einst berühmter Handelshäuser, Ernährungsnöte selbst bei der Mittelschicht, Pauperismus, Vagabondage, Elend, Hunger und Krankheit bei den Unterschichten und dem wachsenden Heer der Bettler und Vagabunden. Vor allem aber wirkten beängstigend und lähmend die fanatische Feindseligkeit, die nervöse Unversöhnlichkeit, die unerbittliche Konfrontation der Konfessionen und konfessionell gesteuerter Blöcke im neuen Europa der Mächte» (Schilling 1988, 372).

Es ist vorgeschlagen worden, die angeblich zu sehr auf Deutschland bezogene Kategorie «Dreißigjähriger Krieg» durch offenere Benennungen wie «Epoche europäischer Kriege und Krisen» oder «allgemeine Krise des 17. Jahrhunderts» zu ersetzen. Doch was wäre damit gewonnen? Die Geschichtsschreibung tut gut daran, am rein formalen, gerade deswegen aber einprägsamen Begriff «Dreißigjähriger Krieg» festzuhalten, weil

- er zeitgenössisch ist und bis heute etwas vom damaligen Schrecken und Entsetzen transportiert,
- sich das politische, konfessionelle und militärische Geschehen zwischen 1618 und 1648 im Wesentlichen in Deutschland verknüpfte und an den deutschen Verhältnissen stets von Neuem entzündete,
- der Krieg sich als eine tiefe Zäsur in das kulturelle Gedächtnis des deutschen Volkes eingegraben hat und bis ins 20. Jahrhundert als das nationale Trauma begriffen wurde.

Die Betonung der deutschen Perspektive heißt freilich nicht, die soziokulturellen Begleitumstände und die europäischen Dimensionen des auf Mitteleuropa konzentrierten Geschehens zu ignorieren. Die jüngsten Versuche, den Dreißigjährigen Krieg und den Westfälischen Frieden radikal zu europäisieren, führen jedoch in die Irre. In England, Italien und in vielen anderen europäischen Ländern sind diese Ereignisse im historisch-kulturellen Gedächtnis nicht präsent. In Frankreich verweist die erste Hälfte des 17. Jahrhunderts weniger auf eine Leidenszeit als auf den Beginn nationaler Größe (Wilson 2009, 4 f.). Eine gemeinsame europäische Erinnerung, die diese nationalgeschichtlich gedachten Vergangenheiten integriert, gibt es nicht, und sie lässt sich wohl auch nicht ad hoc konstruieren. Der Dreißigjahrige Krieg war nicht das «Inferno», das Europa durchschreiten musste, um in der Moderne anzukommen (Schilling 2007, 417 ff.). Auch Kampmann (2008, 1) behauptet lediglich, dass es «heute wohl unstrittig» sei, diesen Krieg als «europäischen Konflikt» zu charakterisieren. Seine auf machtpolitische Fragen konzentrierte Darstellung bleibt jedoch ganz dem Geschehen in Deutschland verhaftet.

Die anderen großen Kriege dieser Epoche besaßen ihre eigenen Ursachen, Signaturen und Zäsuren. Dies gilt für den niederländischen Freiheitskampf wie für den erst 1659 beendeten französisch-spanischen Krieg oder die schwedisch-polnischen Auseinandersetzungen. Die dänischen, schwedischen und französischen Interventionen sind zudem nur noch sehr vermittelt mit den böhmischen Ursprüngen des Dreißigjährigen Krieges in Verbindung zu bringen. Statt das auf Deutschland, Österreich und Böhmen bezogene und von der zeitgenössischen Terminologie entsprechend gedeutete Geschehen («teutscher Krieg» – «teutscher Frieden») als ein europäisches zu deklarieren – ein europäischer Krieg auf dem Boden des Reiches (Arndt 2009, 12) –, sind die nationalen Dimensionen in europäischen Kontexten zu deuten. Erst die historische Selbstvergewisserung über die disparate und alles andere als einheitliche, gleichwohl aber gemeinsam erfahrene und als deutsche wahrgenommene Geschichte ermöglicht deren feste Verankerung in einem künftigen historischen Gedächtnis Europas.

II. Fluchtpunkt Krieg? Deutschland im konfessionellen Zeitalter

Begreift man das konfessionelle Zeitalter, also die Zeit nach dem Augsburger Religionsfrieden 1555, nur als Vorgeschichte des großen Krieges, entsteht eine fragwürdige Zielgerichtetheit: In der zweiten Hälfte des 16. Jahrhunderts, als die Staaten Westeuropas in langwierige Religions- und Bürgerkriege verstrickt waren, hatte das Reich den Konfessionsstreit politisch neutralisiert. Diese Leistung muss zunächst einmal als großes Verdienst der auf Ausgleich und Konsens gegründeten Reichsverfassung gewürdigt werden – unabhängig von dem angeblich zwangsläufigen Kriegsausbruch 1618.

Im Zuge der frühneuzeitlichen Staatsbildungsprozesse hatte die Herrschaft vielfältige und neuartige Disziplinierungs-, Integrations- und Identitätsprobleme zu lösen und musste zugleich auf knapper werdende Ressourcen (Bevölkerungsanstieg, Wirtschaftskrise), staatliche oder ständische Differenzierungsprozesse und sich verhärtende religiöse Fronten (Konfessionalisierung) reagieren. Diese Anpassungskonflikte sind in Deutschland ebenso bewältigt worden wie in den westeuropäischen Staaten. Das vergleichsweise erfolgreiche Krisenmanagement stieß hier erst nach 1580 an seine Grenzen, als sich die protestantischen Stände so in die Defensive gedrängt sahen, dass schließlich ein Teil von ihnen alle Hoffnung auf einen «Befreiungsschlag» setzte.

1. «Kleine Eiszeit», Wirtschaftskrise und soziale Konflikte

Ein in Europa um 1570 einsetzender Klimaumschwung, die «kleine Eiszeit», führte zu geringeren Erntemengen, zu Hunger- und schließlich zu allgemeinen Wirtschaftskrisen. Auch morgen noch genügend Nahrung zu finden, wurde zur größten Sorge vieler Menschen, zumal sich der Bevölkerungsanstieg bis um 1620 fortsetzte. Immer mehr Menschen – für Deutschland zu Beginn des Krieges werden 15 bis 18 Millionen geschätzt – mussten von einer Landwirtschaft ernährt werden, die ihre Erträge nur extensiv, über die Nutzung von Randertragszonen (Gebirge, Sümpfe etc.) steigern konnte. Gerade dort lohnte sich bei ungünstiger Witterung der Anbau jedoch nicht mehr und wurde eingestellt.

Obwohl die Versorgung der frühneuzeitlichen Bevölkerung nicht allein nach marktgesellschaftlichen Prinzipien erfolgte, zwangen die hohen Getreidepreise insbesondere die städtischen Handwerker, einen immer größeren Anteil ihrer Einkünfte für Nahrungsmittel aufzuwenden. Auch Klein- und Mittelbauern profitierten nicht von den steigenden Erzeugerpreisen, da sie kaum Überschüsse für den Markt erwirtschafteten und jede Missernte ihre Subsistenzgrundlage gefährdete. Die Mehrheit der Bevölkerung benötigte alle verfügbaren Ressourcen für Nahrungsmittel – Gewerbeprodukte wurden entsprechend weniger gekauft. Einkommensverluste und Arbeitslosigkeit in den Massenhandwerken (Schuster, Schneider, Maurer etc.), aber auch bei Tagelöhnern, Knechten und Mägden waren die Folge. In Deutschland verschärften die Verlagerung der Handelswege vom Mittelmeer zum Atlantik und die hohen Türkensteuern die Krise zusätzlich.

Während der größere Teil der Gesellschaft tendenziell verarmte, zeitweise sogar hungerte, machten Grundherren, Großbauern, Händler, aber auch Müller, Bäcker und Metzger glänzende Geschäfte. Die Schere zwischen «Reich» und «Arm», zwischen «Oben» und «Unten» öffnete sich weiter. Wilhelm Abel hat nachgewiesen, dass Fleisch und Butter vom Tisch des «gemeinen Mannes» fast verschwanden, selbst Brot, Grütze und Grobgemüse häufig durch minderwertigere Produkte bis hin zu gekochtem Gras ersetzt werden mussten. Für die selbst hungernden Bauern war es doppelt bitter, wenn sie mitansehen mussten, wie das von ihnen erzeugte, über ihre Abgaben an die Herrschaft gelangte Getreide mit höchsten Profiten vermarktet wurde. Der arme Mann in Stadt und Land erlebte eine dramatische Einbuße an Lebensqualität: Um 1600 gehörten Hunger oder zumindest die Angst davor zu seinen alltäglichen Erfahrungen.

Während des Krieges änderte sich daran wenig. Erst die Überlebenden und die beiden folgenden Generationen fanden wieder günstigere Lebensbedingungen vor. Die alte Angst, dass die Erde die auf ihr lebenden Menschen nicht ernähren könne, war allgegenwärtig. Epidemien, Kriege oder Naturkatastrophen schienen von Gott gesandt, um regulierend einzugreifen und die Bevölkerungsgröße an den Nahrungsspielraum anzupassen. Diese zynische und so sicherlich auch fragwürdige These könnte immerhin erklären, warum in Deutschland im Gegensatz zu anderen Teilen Europas die gewalttätigen Volksaufstände fehlen. Auch hier waren Angst, Neid und Hass an die Stelle optimistischer Zukunftserwartungen getreten und hatten zu immer neuen Spannungen geführt. Spontan und gewaltsam entluden sie sich aber nur in den sog. Kipper- und Wipperunruhen zu Beginn der 1620er Jahre.

Die Bevölkerung reagierte damit an manchen Orten auf die durch massive Münzmanipulationen («kippen und wippen») hervorgerufene galoppierende Inflation. Hatte diese die Wirtschaft zunächst stimuliert und geholfen, manche Kriegsanleihe zu finanzieren, änderte sich die Situation 1621/22 grundlegend: Erzeuger und Händler verweigerten die Annahme der wertlosen kleinen «bösen» Münzen und banden die Preise an Nahrungsäquivalente. Es gab genügend Lebensmittel, doch die meisten Menschen konnten die hohen Preise nicht bezahlen. Dies widersprach ihren Vorstellungen von einer «sittlichen Ökonomie» (Thompson 1980), in der jede Ware und jede Leistung an einen gerechten Preis gebunden war und in der niemandem aus übertriebenem Profitstreben das Recht auf Leben, also auf Brot, verweigert werden durfte.

Auch die fürsorglich-paternalistisch regierenden Obrigkeiten fühlten sich diesem Sozialpakt «sittliche Ökonomie» verpflichtet. In Krisenzeiten versuchten sie, mit Ausfuhrverboten, Preis- und Marktkontrollen die Versorgung sicherzustellen. Diese lokal oder regional orientierte Versorgungspolitik funktionierte in den kleinräumigen Herrschaftsgebieten des Reiches vor allem deswegen, weil keine Metropolen wie Paris oder London vorrangig versorgt werden mussten, denn mit Unruhen dort war sofort die Gefahr eines politischen Umsturzes verbunden.

1621/22 machten auch in Deutschland aufgebrachte Menschenmengen nicht nur Händler, Münzmeister und Geldwechsler, sondern auch «untätige» Obrigkeiten für die Not verantwortlich. In Magdeburg wurden Ende Februar die Häuser von 16 angeblichen Münzbetrügern zerstört. Bei den Tumulten sollen nicht weniger als 200 Menschen umgekommen sein. Ähnliche, jedoch weit glimpflicher verlaufene Unruhen sind aus Spandau, Halle, Halberstadt, Eisleben, Bayreuth, Augsburg, Biberach, Speyer und Lich überliefert. Die Revoltierenden reklamierten das Recht auf Selbsthilfe und wollten durch die Bestrafung der «Schuldigen» die «gerechte Ordnung» wiederherstellen. In einem ordnungspolitischen Kraftakt sondergleichen gelang es den reichsständischen Regierungen 1623/24, also mitten im Krieg, die Währung zu sanieren – ein Indiz dafür, dass das Reichssystem auch in Krisenzeiten funktionieren konnte.

Um die Rückgewinnung der «gerechten» Ordnung und die Abwehr einer tödlichen Gefahr für die christliche Gemeinschaft ging es auch den Nachbarn und Mitbürgern, die vielfach erst mit ihren Tumulten und Aufruhrdrohungen die im deutsch(sprachig)en Raum besonders schweren Hexenverfolgungen auslösten. Mit der Beschuldigung «Hexe» oder «Hexenmeister» sollten die angeblichen Verursacher ansonsten unerklärlicher Unglücksfälle ausgeschaltet und Wiederholungen vermieden werden. Man glaubte darüber hinaus, so die Kirchengemeinde und den Nachbarschaftsverband «rein» und den offensichtlich zürnenden Gott gnädig stimmen zu können.

Der Hexenwahn, der seinen Höhepunkt im ersten Drittel des 17. Jahrhunderts erreichte, war auch eine Reaktion auf die Wirtschaftskrise und den durch sie ausgelösten sozialen Wandel. Er war vor allem aber eine Folge der vielfältigen Ängste und Psychosen einer Zeit, die den Einzelnen einer immer stärkeren Kontrolle aussetzte und mit rigoros disziplinierenden Landes-, Polizei- und Kirchenordnungen alle bisherigen Freiräume und Ausbruchsmöglichkeiten systematisch einengte. Auch die im konfessionellen Streit verhärteten Kirchen vermochten mit ihren Endzeitvisionen und ihren Drohungen mit der unausweichlichen Strafe Gottes keine Auswege aus den vielfältigen Miseren zu zeigen. Um sich aus ihrer bedrückenden Ohnmacht zu befreien, konstruierten die Menschen einen Zusammenhang zwischen Unglück und Schuld und sahen überall den Teufel und die mit ihm im Bund stehenden Hexen am Werk.

Im Gegensatz zu den in Deutschland allerdings marginalen Subsistenzprotesten und den tumultuarischen Begleitumständen mancher Hexenverfolgungen verliefen die sich häufenden sozialen Konflikte zwischen Bauern und Herrschaft meist friedlich. Im Vergleich mit den vielen gewalttätigen Exzessen in England oder Frankreich (Einhegungen, Croquants) erscheinen Konfliktverhalten und Regelungsmechanismen in Deutschland erstaunlich rational, ja ausgesprochen modern. Als Reaktion auf die negativen Erfahrungen des Bauernkrieges waren in Deutschland die eigenmächtigen, nichtstaatlichen Gewaltanwendungen kriminalisiert, die Klagemöglichkeiten der Bauern und Bürger aber erheblich erweitert worden. Das Reichskammergericht und der Reichshofrat wurden zu höchsten Schiedsinstanzen für die Konflikte an der Nahtstelle der Agrargesellschaft – zwischen Bauern und Herrschaft.

Die «Rechtsweggarantie» an ein von der eigenen Obrigkeit weithin unabhängiges Reichsgericht galt zwar vor allem für die Untertanen der kleineren Reichsstände, doch die Prozesse haben insgesamt einen wesentlichen Beitrag zur Entwicklung einer vergleichsweise modernen Rechtskultur in Deutschland geleistet. Das Gefühl, als Rechtspartei der eigenen Herrschaft gleichgestellt zu sein, und die Erfahrung, dass sich das staatliche Gewaltmonopol ebenso gegen die Grund- und Gerichtsherren wenden konnte, machten den Rechtsweg populär und drängten die traditionellen Formen gewalttätiger Entscheidungsfindung in den Hintergrund. Da dem «gemeinen Mann» in Deutschland ein institutionalisierter Weg der Konfliktaustragung offenstand, prägten überlegtes und zweckrationales Handeln, nicht spontane oder gar gewalttätige Aktionen seinen konfliktrelevanten Erfahrungshorizont. Der rechtliche Krieg geriet um 1600 in den kleinteiligen Gebieten des Reiches, an Rhein, Main und Donau, zur beinahe alltäglichen Form bäuerlichen Widerstandes.

Die Verrechtlichung sozialer Konflikte schärfte aber auch das politische Bewusstsein der Bauern und ließ sie zu einer potentiellen Kraft der Reichsverfassung werden: Bei allen Entscheidungen mussten die Herren mögliche Reaktionen der Untertanen einkalkulieren. Darüber hinaus wirkten die Untertanenprozesse positiv auf den Zusammenhalt des Reiches deutscher Nation: Den klagenden Bauern aus Schwaben oder aus Ostfriesland wurde stets von neuem vor Augen geführt, dass es neben ihrer Herrschaft ein übergeordnetes Ganzes gab: Es waren «Kaiser und Reichsgerichte», die den Bauern gegen den dezidierten Willen so manches Fürsten zu ihren Rechten verhalfen. Dass das Reich deutscher Nation über alle Stürme des Krieges hinweg von den Untertanen als Einheit wahrgenommen wurde, ist auch eine Folge ihrer alles in allem positiven Erfahrungen mit dem gemeinsamen Rechtssystem.

2. Konfessionalisierung und deutsche Nation

Mit dem Augsburger Religionsfrieden wurde 1555 das unbefristete Nebeneinander zweier Varianten des christlichen Glaubens in einem Gemeinwesen geregelt. Es war ein Frieden von den Reichsständen und für die Reichsstände. Ihnen wurde nicht nur das vor dem Passauer Vertrag von 1552 säkularisierte Kirchengut garantiert, sie konnten auch die Konfession ihrer Untertanen bestimmen: *cuius regio, eius religio* wurde diese Regelung später genannt. Für die katholischen geistlichen Fürsten galt dies allerdings nicht: Sie mussten im Falle einer Konversion zurücktreten. Dieser «geistliche Vorbehalt» verstieß nach Ansicht der protestantischen Stände gegen den Gleichheitsgrundsatz und wurde zur Quelle unzähliger Konflikte wie dem Kölner Krieg oder dem Straßburger Kapitelstreit. Der Kaiser besaß nach 1555 im Reich keine kirchenpolitischen Kompetenzen mehr. Untertanen durften auswandern, wenn sie der Glaubenswahl ihrer Obrigkeit nicht folgen wollten. Dieses Emigrationsrecht war das erste schriftlich fixierte Grundrecht, das alle im

Reich deutscher Nation lebenden, dem katholischen oder dem Augsburger Bekenntnis zugehörenden Deutschen beanspruchen konnten. Da es zudem die Sicherheit des Eigentums einschloss, also die Mitnahme oder den Verkauf, wurde es zum Ausgangspunkt rechtlicher Deutungen, die noch vor dem Dreißigjährigen Krieg nicht nur Gewissensfreiheit und Toleranz, sondern auch eine weitreichende Eigentumssicherheit einklagten. Politiker wie der kaiserliche Feldhauptmann Lazarus von Schwendi (1522–1583) oder der Reichspfennigmeister Zacharias Geizkofler (1560–1617) forderten die Duldung der unterschiedlichen Konfessionen im Reich, weil sie sich davon eine größere Einigkeit und Abwehrbereitschaft gegen die Türken versprachen.

Der Religionsfrieden erwies sich als richtungweisend und zukunftsträchtig – gerade weil er ein politischer Kompromiss war, der die theologische Wahrheitsfrage ausklammerte. Während im Reich die Parität galt, wurde in den Territorien die konfessionelle Einheitlichkeit zur Norm. Dies hat die Konfessionsbildung, die bewusste Ausformulierung der theologisch-dogmatischen Grundsätze sicherlich gefördert. Sie erfolgte für die Katholiken mit dem Ende des Trienter Konzils, für die Calvinisten mit dem Heidelberger Katechismus (beide 1563) und für die Lutheraner mit der Konkordienformel (1577) und dem Konkordienbuch (1580).

Das einheitliche Bekenntnis gehörte zu den wichtigsten Konstitutionsbedingungen frühneuzeitlicher Flächenstaaten. Es wurde zum nach außen abgrenzenden und nach innen Identität stiftenden Integrationsfaktor. Die konfessionelle Rivalität gab zudem wichtige Impulse für den Ausbau der staatlichen Verwaltung und des Schul- und Bildungswesens. Visitationen, Kirchen- und Eheordnungen einerseits, Landes- und Polizeiordnungen andererseits sorgten bei fließenden Übergängen für die Disziplinierung der Untertanen – nach Norbert Elias der Beginn des neuzeitlichen «Zivilisationsprozesses», nach Gerhard Oestreich der frühneuzeitlichen «Sozialdisziplinierung».

Der geistliche Vorbehalt mit seiner Bestandsgarantie für die katholische Reichskirche gewährte dem alten Glauben die

Pause, die er zur Regeneration dringend benötigte. Neben dem Tridentinum wurden die Jesuiten zum Symbol der katholischen Erneuerung und der Gegenreformation, die im Eichsfeld, in Fulda und Würzburg erste sichtbare Spuren hinterließ. Vor allem der Erfolg der bayerischen Wittelsbacher im sog. Kölner Krieg wirkte motivierend und signalisierte den Beginn einer Gegenoffensive. Unter Herzog Maximilian (1573–1651) wurde Bayern zum Zentrum des katholischen Deutschland.

Bei den lutherischen Reichsständen genoss der Kurfürst von Sachsen nach wie vor eine Vorrangstellung, doch auch die Kurfürsten von Brandenburg, die Herzöge von Württemberg und Braunschweig bildeten wichtige Eckpfeiler in einem «lutherischen» Reich, zu dem eine Reihe weiterer Reichsfürsten sowie fast alle evangelischen Reichsstädte und Reichsritter zählten. Die reichsrechtliche Anerkennung des sich in der zweiten Hälfte des 16. Jahrhunderts auch in Deutschland ausbreitenden Calvinismus, der in Westeuropa dominierenden Variante des evangelischen Glaubens, blieb hingegen umstritten. Allerdings wollten auch die Lutheraner den Katholiken und dem Kaiser nicht die Entscheidung darüber zugestehen, wer zur *Confessio Augustana* gehörte – und damit die Garantie des Religionsfriedens genoss – und wer nicht. Zentrum des deutschen Calvinismus war Heidelberg. Vor und um 1600 kam es in einigen Gebieten zur «Zweiten Reformation», ein in der Forschung umstrittener Begriff für den Übergang eines Reichsstandes vom lutherischen zum deutlich dynamischeren, auf Positionsgewinne und nicht allein auf bloße Verteidigung des konfessionellen Status quo gerichteten calvinistischen Glauben. Vor allem die Stände, denen wie der Kurpfalz oder vielen Reichsgrafen (Nassau, Wittgenstein, Hanau, Solms, Lippe, Bentheim, Anhalt etc.) die Territorialstaatsbildung Schwierigkeiten bereitete, schlossen sich dem reformierten Bekenntnis an.

Die Konfessionalisierung brachte neue Spannungen und Konflikte in das Reichsgefüge, aber auch neue Zusammengehörigkeitsgefühle und prinzipiell reichsweit wirksame Verklammerungen. Sie wurde wichtig für die Integration Niederdeutschlands: Erst im späteren 16. Jahrhundert erstreckte sich das politische

System des Heiligen Römischen Reiches deutscher Nation bis an die Küsten von Nord- und Ostsee.

Die Konfessionalisierung, die Formierung der reichsständischen Herrschaftssysteme und der konfessionellen Parteiungen im Reichsverband, bedeutete also nicht nur Trennung und «Verhärtung», sondern auch Integration und Zusammenwachsen. Die konfessionspolitischen Fronten wurden jedoch nicht überwunden. Sie verschärften sich, als die Katholiken begannen, verlorene Positionen zurückzuerobern, und dabei tatsächliche oder vermeintliche Rechte evangelischer Reichsstände tangierten. Im lockeren Verbund des Reiches mit einer Vielzahl unterschiedlicher Interessen und entsprechend vielen Ad-hoc-Koalitionen konnten diese kleineren und größeren Konflikte zwischen mächtigen und mindermächtigen, evangelischen und katholischen Reichsständen meist jedoch so weit ausbalanciert werden, dass sie sich nicht zu einer einzigen Konfrontationsebene überlagerten. Der Kaiser besaß in diesem System fein strukturierter Machtverteilung und gegenseitiger Kontrolle als Integrations- und Ausgleichszentrum eine Schlüsselposition. Als jedoch die Habsburger Kaiser ihre Mittlerrolle mehr und mehr zugunsten der katholischen Partei aufgaben, geriet die Reichsverfassung in eine schwere Krise und ein Konfliktherd nach dem anderen außer Kontrolle.

Die evangelische Publizistik polemisierte deshalb einerseits gegen die bekannte Feindbildtrias – Papst, Jesuiten, Spanier –, setzte andererseits aber auch auf eine nationale Integrationsstrategie: Den Katholiken sollte verdeutlicht werden, dass sie mit ihrem Verhalten die deutsche Nation den Spaniern in die Hände spielten. Der klassische Patriotismus wurde als Liebe zum deutschen Vaterland gedeutet und rhetorisch der konfessionellen Solidarität übergeordnet (A. Schmidt 2007).

In dieser Situation bemühten sich auch späthumanistische Gelehrtenzirkel und Dichterkreise intensiv um die Pflege der deutschen Sprache und Kultur. Zusammen mit einigen interessierten Fürsten und Politikern versuchten sie, «deutsch» als eine verbindende und nicht spaltende Eigenschaft zu lancieren. Sie nutzten dabei konfessionsübergreifende Wertvorstellungen wie

Treue und Redlichkeit, die Abwehr fremder Moden und Sprachfetzen oder die deutsche Freiheit, die sich mehr und mehr als vielfach verwendbares appellatives, emotionalisierendes und rechtliches Muster etablierte. Dem Ziel, das Misstrauen abzubauen und dem Reich und der deutschen Nation eine identitätsbildende Perspektive zu eröffnen, dienten vor allem die Sprachgesellschaften. Die älteste unter ihnen, die angeblich 1617 anlässlich des Reformationsjubiläums in Weimar gegründete «Fruchtbringende Gesellschaft», wurde von den lutherischen ernestinischen und den reformierten Anhalter Fürsten bzw. ihren vertrauten Räten dominiert. Sie zielte auf eine zivilisierte nationale Kultur. Dass dies nicht gelang, dass die deutsche Nationalliteratur eine evangelische blieb, dass sich Sprache und Kultur nur bedingt als nationaler Kristallisationskern eigneten und der Rechtsweg nicht zu einer Fundamentalpolitisierung des gemeinen Mannes führte, hängt mit der konfessionellen Aufladung und den politischen Verwerfungen zusammen.

3. Steuerungsprobleme

Die in Augsburg 1555 durch die Land- und Religionsfriedens-, Kammergerichts- und Exekutionsordnungen erneuerte Reichsverfassung hatte nicht den Kaiser «entmachtet», sondern fixierte die reichsständische Mitverantwortung für den Reichsverband. Das Reich deutscher Nation war kein zentraler Einheitsstaat, sondern ein komplementärer Reichs-Staat (G. Schmidt 1999), ein zusammengesetztes und föderatives Gemeinwesen, das sich auch als Mehrebenensystem beschreiben lässt. Die von der bunten Farbgebung historischer Karten nahegelegte Vorstellung mehrerer hundert selbständiger Staaten ist eine Erfindung des 19. Jahrhunderts. Die Reichsstände regelten zwar ihre inneren Angelegenheiten weitgehend autonom, dachten aber aus wohlverstandenem Eigeninteresse nicht daran, ihre Bindungen an das Reich aufzukündigen. Sie sorgten selbst dafür, dass dieses stets so viel «Staatlichkeit» wie notwendig entwickeln konnte.

Kaiser und Reich haben ihren universalistischen Anspruch zwar nie aufgegeben, blieben aber in ihrer Wirkung seit dem ausgehenden Mittelalter auf Deutschland beschränkt. Die fremd(sprachig)en Gebiete Norditaliens, Lothringens oder Burgunds konnten nicht mehr integriert werden: Als sich das Reich im Zuge der Hussiten- und Türkenabwehr erste «staatliche» Züge (Reichssteuern, Landfrieden) verordnete, büßte es die Eidgenossenschaft und die niederländischen Provinzen endgültig ein – auch wenn die beiden frühneuzeitlichen Republiken offiziell erst 1648 aus dem Reichsverband ausschieden.

Die Verluste an der Peripherie führten zur Konzentration auf die zentralen Landschaften, d.h. im Großen und Ganzen auf den «deutschen» Raum: Wer in der Frühen Neuzeit den Schutz von «Kaiser und Reich» genießen wollte, musste dafür Leistungen erbringen. Das Reich deutscher Nation, eine Zweckgemeinschaft autonomer Stände und Städte unter der Lehens- und Oberhoheit des Kaisers, versuchte, diejenigen staatlichen Aufgaben zu lösen, die der einzelne Reichsstand nicht leisten konnte. Dieses engere, verstaatete Reich lässt sich mit einem Quellenbegriff des 18. Jahrhunderts als «Reichs-Staat» bezeichnen. Freilich war Staatlichkeit im Alten Reich ebenso wenig exklusiv wie in heutigen Mehrebenensystemen. Die «Staatsgewalt» verteilte sich auf «Kaiser und Reich», die Reichsstände, die Reichskreise sowie Bündnisse und Korporationen. Dabei organisierten – idealtypisch aufgefächert – das Reich Außenverteidigung und Rechtssystem, die Reichskreise Exekutionswesen und Infrastruktur, die Territorialstaaten Verwaltung und Disziplinierung der Untertanen.

Nach 1555 hatte sich eine überkonfessionelle Gruppe mächtiger Reichsfürsten (Kursachsen, Kurmainz, Württemberg, Bayern etc.) gebildet, die mit den beiden Habsburger Kaisern Ferdinand I. (geb. 1503, 1556–1564) und Maximilian II. (geb. 1527, 1564–1576) um nahezu jeden Preis den Frieden erhalten wollte. Diese politische Steuerung brach in den siebziger Jahren zusammen, als eine neue Fürstengeneration die Konfrontation suchte. Mit Rudolf II. (geb. 1552, 1576–1612) bestieg zudem ein persönlich streng altgläubiger Herrscher den Kaiserthron, der sich auf dem Prager Hradschin isolierte und dem die Zügel der Habsburger Hausmacht- wie der Reichspolitik aus den Händen glitten. Um die Jahrhundertwende schien der Vorrat an Kompromissbereitschaft aufgebraucht. Der Reichsverband schlitterte in die Krise, die angeblich den Krieg in sich trug.

Die katholischen Stände hatten die Freistellungsforderungen der Protestanten abgewehrt und begannen nun, ihre Auslegung des Religionsfriedens einzuklagen: Alle nach 1552 säkularisierten Territorien sollten neuerlich katholisch werden. Betroffen davon waren vor allem die norddeutschen Stifte, deren Bischöfe den einmal eingeschlagenen reformatorischen Weg konsequent fortgesetzt hatten. Der Konflikt entzündete sich am Administrator von Magdeburg, Joachim Friedrich von Brandenburg (1546–1608), der 1582 in Augsburg seine Reichstagsstimme nicht wahrnehmen durfte. Da er 1588 turnusgemäß der Kommission zur Visitation des Reichskammergerichts angehörte, untersagte Kaiser Rudolf II. deren Zusammentritt. Die Revisionsakten blieben unerledigt, es gab kaum noch rechtsgültige Urteile: Eines der beiden Reichsgerichte war mehr oder weniger blockiert.

Der Ausweg, Visitation und Revision dem Deputationstag, einer Art Ausschuss des Reichstags, zu übertragen, blieb umstritten. Wegen der überproportional großen katholischen Mehrheit verließen 1601 die Vertreter der Kurpfalz, Kurbrandenburgs und Braunschweigs die Deputation und machten sie so beschlussunfähig. Die konfessionell bedingten Fronten drohten alle anderen Konfliktebenen zu überlagern. Zum Menetekel wurde der Fall «Donauwörth»: In dieser Reichsstadt wollte die protestantische Mehrheit ihre Vor- in eine Alleinherrschaft umwandeln. Das Heilig-Kreuz-Kloster bestand allerdings auf seinem alten Recht, eine Prozession in der Stadt zu veranstalten. 1605 wurde sie vom Rat verboten, im folgenden Jahr sogar gewaltsam unterbunden, obwohl der Reichshofrat die Rechte des Klosters bestätigt hatte. Der Kaiser erklärte daraufhin Donauwörth in die Reichsacht und übertrug dem katholischen Herzog Maximilian von Bayern die Exekution. Dies war ein gefährlicher Präzedenzfall, denn weil die Stadt zum schwäbischen Kreis gehörte, hätte der evangelische Herzog von Württemberg damit beauftragt werden müssen. Bayerische Truppen besetzten 1608 Donauwörth und erzwangen die Rekatholisierung.

Die Okkupation wirkte als Fanal. Vor allem die kleineren evangelischen Reichsstände fühlten sich vom Kaiser im Stich gelassen und von der Gegenreformation bedroht. Auf dem Regensburger Reichstag prallten 1608 die Gegensätze aufeinander, zumal mit dem zwei Jahre zuvor in Zsitvatorok geschlossenen Frieden mit den Türken der Einigungsdruck und damit eine der wichtigsten Klammern des Reichsverbandes entfallen war. Zwar hatten die evangelischen Stände auch bisher die Bewilligung der Reichssteuern mit der vorherigen Regelung ihrer Religionsbeschwerden verknüpft, ihr Junktim aber angesichts des Vordringens der Türken und des entschiedenen Widerstands von Kaiser und katholischer Mehrheit nie durchgehalten. Die politische Solidarität hatte stets über die konfessionelle gesiegt.

1608 waren sich aber alle evangelischen Stände einig und forderten eine Bestätigung des Religionsfriedens. Die darauf vorbereiteten kaiserlichen Gesandten drehten den Spieß jedoch um: Alle Verstöße gegen den Religionsfrieden sollten restituiert werden. Damit war das nach 1552 säkularisierte Kirchengut gemeint. Die auf politische Veränderungen dringende protestantische «Bewegungspartei» – an der Spitze die pfälzische und die brandenburgische Delegation – verließ den Reichstag. Sachsen blieb. Die katholischen Stände wagten allerdings nicht, ihre Mehrheit einzusetzen: Der Reichstag war gesprengt, das wichtigste Ausgleichsorgan der Reichsverfassung lahmgelegt.

Mit der Gründung der protestantischen Union unter kurpfälzischer Leitung (1608) und der katholischen Liga durch Maximilian von Bayern (1609) entstanden im Reich zwei Konfessionsbündnisse. Sie dürfen nicht als quasi finale Ausprägungen eines Konfessionsfundamentalismus (Schilling 2005) und eines teleologisch vorgezeichneten Weges zum Konfessionskrieg missverstanden werden. Die beiden Einungen agierten eher defensiv, sollten aber der Suche nach einem neu auszuhandelnden politischen Kompromiss Nachdruck verleihen. Mit der Gründung von Union und Liga erreichte das politische Ringen um das Reich als Monarchie oder als eine Fürstenrepublik mit kaiserlicher Spitze eine neue Stufe. Da sich in Deutschland die Staats- und Nationsbildung nicht mit einer Konfession verband, mussten immer wieder neue Lösungen gefunden werden, um die Einheit in der Vielheit zu stabilisieren. Die Verträge der Union mit England (1612) und den Niederlanden (1613) sowie Absprachen mit Frankreich, Savoyen und Schweden galten nur der Subsidiensicherung – eine kraftvolle und einheitliche politische Bewegung des evangelischen Europas entstand daraus nicht: Die «calvinistische Internationale» ist vor allem ein Kampfbegriff ihrer Gegner. Weder die Liga noch die Union vereinigten auch nur annähernd alle konfessionsverwandten Stände. Auf evangelischer Seite setzten vor allem Kursachsen und Hessen-Darmstadt auf einen Ausgleich mit dem Kaiser. Kurfürst Johann Sigismund von Brandenburg (1572–1619) wandte sich enttäuscht von der Union ab, weil er seine Interessen im Jülich-Klevischen Erbfolgestreit nur unzureichend vertreten glaubte. Der Unionstag 1617 zeigte bereits, dass die Union den bevorstehenden Stürmen nicht gewachsen sein würde.

Zur Liga, dem katholischen Gegenbund, gehörten neben Bayern die drei geistlichen Kurfürsten von Mainz, Köln und Trier sowie alle Fürstbischöfe Oberdeutschlands. Sie war auf Maximilian von Bayern zugeschnitten, blieb frei von theologischen Kontroversen und wirkte insgesamt kompakter als die Union. Dazu trug vor allem die solidere Finanzausstattung bei – selbst der Papst unterstützte das Projekt mit regelmäßigen Zuwendungen. Allein die Habsburger versuchten, den rührigen Bayernherzog auszubooten. Maximilian stellte daraufhin 1616 den Oberbefehl zur Verfügung, gewann diesen jedoch noch vor der akuten Krise 1618/19 zurück. Das katholische Deutschland kam an ihm nicht mehr vorbei.

Union und Liga widersprachen weder der Reichsverfassung, noch waren sie eine Konsequenz ihres Verfalls. Selbst die beiden Führer steuerten keinen Konfrontationskurs. Der Jülich-Klevische Erbfolgestreit konnte friedlich beigelegt werden (Dortmunder Vertrag, 10. Juni 1609). Der große Krieg, den ganz Europa wegen der Bedeutung der Herzogtümer in unmittelbarer Nachbarschaft der umkämpften Niederlande erwartet hatte, wurde jedoch nicht durch geschicktes Krisenmanagement verhindert, sondern durch einen Zufall: die Ermordung des französischen Königs Heinrich IV. am 14. Mai 1610. Mit der Teilung im Vertrag von Xanten konnte 1614 der Erbfolgestreit fürs Erste beigelegt werden: Der zum katholischen Glauben konvertierte Pfalzgraf Wolfgang Wilhelm (1578–1653) erhielt Jülich und Berg, der zum Calvinismus übergetretene Kurfürst Johann Sigismund von Brandenburg Kleve, Mark, Ravensberg und Ravenstein.

Die Regulierung dieses für die künftige Gewichtsverteilung im Reich außerordentlich bedeutsamen Erbfolgestreits führte jedoch nicht zur politischen Annäherung der beiden konfessionellen Lager. Auf dem ersten von Kaiser Matthias (geb. 1557, 1612–1619) einberufenen Reichstag standen 1613 alle alten Probleme – Justizkrise, Mehrheitsentscheidungen in Steuer- und Religionsfragen, evangelische Religionsbeschwerden – neuerlich zur Entscheidung. Der Bäckersohn Kardinal Melchior Klesl (1553–1630), der als engster Vertrauter des Kaisers die habsburgische Reichspolitik steuerte, betrieb eine vermittelnde Politik und wollte die beiden Konfessionsbündnisse auflösen. Trotzdem nutzten diesmal die katholischen Stände ihre Mehrheit: Den evangelischen Gesandten blieb nur der Protest. Der Kaiser vertagte den Reichstag um ein Jahr – tatsächlich trat er erst 1640 wieder zusammen.

Alle institutionalisierten Foren der Reichspolitik waren somit ausgerechnet in dem Augenblick blockiert, als überall in Europa die Unruhe merklich zunahm. Das aufgestaute soziale, politische und konfessionelle Konfliktpotential drängte auf Entladung, und die Fäden liefen in Deutschland zusammen: Fast jeder europäische Konflikt besaß eine «deutsche» Dimension. Ein *Discursus politicus*, eine Flugschrift aus dem Jahr 1618, zog daraus bemerkenswerte Schlüsse: Das Reich integriere nun einmal Katholiken und Protestanten. Ein Krieg werde daran nichts ändern. Nach vielem, unschuldig vergossenem deutschen Christenblut werde man doch einen neuen Religionsfrieden schließen müssen. Es sei vernünftiger, nicht erst das «geliebte Vatterlandt» zu verderben. Jetzt fehle nur noch ein Anfang und das *bellum civile* beginne. Die Protestanten wollten den Kaiser nur noch vorbehaltlich der deutschen Freiheit respektieren. Er wolle die Fürsten *despodice* regieren. Es gibt wenige Flugschriften dieser Zeit, die derart gleichgewichtig die Schuld verteilen und ähnlich präzise die Sinnlosigkeit eines Krieges vorhersagen. Das Reich war zum konfessionellen wie staatlichen Nebeneinander und zum politischen Frieden verdammt – allein auf pluraler Grundlage konnte es in Deutschland Einheit und Einigkeit geben.

Das komplizierte Gefüge komplementärer Staatlichkeit funktionierte nur, wenn alle Beteiligten den Ausgleich wollten. Die Vertagung des Reichstags zeigte, dass Kaiser Matthias und Kardinal Klesl die Zeichen der Zeit richtig deuteten: Die reformierte «Aktionspartei» unter Kurfürst Friedrich V. von der Pfalz (1596–1632) und Fürst Christian von Anhalt (1568–1630) fühlte sich zunehmend ausgegrenzt, und ihre Besorgnis erhielt durch die rigorose Gegenreformation in den habsburgischen Erblanden neue Nahrung. Unter dem Druck der Türkenbedrohung und des innerhabsburgischen Machtkampfes hatte selbst Kaiser Rudolf II. dem Vordringen des evangelischen Glaubens beinahe tatenlos zusehen müssen. Nur noch in Böhmen an der Macht, bewilligte er 1609 den dortigen Ständen den sog. Majestätsbrief, der diesen die Glaubensfreiheit zusicherte. Der gedemütigte alte Kaiser versuchte alles, um im Reich und in den Erblanden wieder Fuß zu fassen, doch sein Bruder Matthias entriss ihm 1611 auch noch Böhmen. Bis zu seinem Tode 1612 war der Kaiser eine Art Staatsgefangener auf dem Prager Hradschin.

III. Integration durch Krieg? Vom böhmischen Ständekonflikt zur gesamtdeutschen Betroffenheit (1618–1629)

Im Zuge der Konfessionalisierung setzten die Landesherren nicht nur ein einheitliches Bekenntnis durch, sondern konzentrierten auch ihre Herrschaftsbefugnisse. Die lehensabhängigen Stände wurden mehrheitlich den Fürstenstaaten unterworfen, einige wenige erreichten den Status der Reichsunmittelbarkeit. Während die Landstände um 1600 den Höhepunkt ihres Einflusses überschritten hatten, blieben sie in Böhmen, Ober- und Niederösterreich ein bedeutender Machtfaktor, der die habsburgischen Bemühungen um die katholische Konfessionalisierung und die Verstaatung der eigenen Herrschaftsbereiche empfindlich störte. Die evangelischen Stände versuchten, sich zu einer «erbländischen» Konföderation zusammenzuschließen und mit den calvinistischen Reichsständen zu paktieren. Für die Habsburger grenzte ihr Vorgehen an Landesverrat. Doch erst Kaiser Ferdinand II. (geb. 1578, 1619–1637) konnte die eigenen Stände domestizieren und rekatholisieren.

Der erstaunlich schnelle und vollständige Zusammenbruch der scheinbar übermächtigen böhmischen Ständeopposition scheint Ferdinand II. und seine von jesuitisch-gegenreformatorischem Gedankengut geprägten Berater unterschwellig in ihrer Meinung bestärkt zu haben, auch die Reichsstände in die Botmäßigkeit des Kaisers zwingen und alle nach 1552 evangelisch gewordenen Gebiete rekatholisieren zu können. Obwohl dies nie offizielles Ziel der kaiserlichen Politik war, fürchteten doch gerade die kleineren reformierten Stände, dass es ihnen ähnlich ergehen könne wie den böhmischen. Diese Angst prägte ihr Handeln und wirkte auf die kaiserliche Politik zurück. Das Restitutionsedikt bestätigte 1629 die schlimmsten Befürchtungen. Die Furcht der einen und die vagen Hoffnungen der anderen bildeten zusammen genau jene Mischung, die nicht nur Kriege, sondern auch neue Kriegsziele entstehen lässt.

I. Um die Macht in Böhmen

In Böhmen entlud sich die Angst der Stände, ihren Einfluss zu verlieren und ihren evangelischen Glauben aufgeben zu müssen, im Frühjahr 1618 in einer spektakulären Aktion: dem Prager Fenstersturz. Dass daraus ein dreißigjähriger Krieg in Mitteleuropa entstehen könne, war nicht vorhersehbar. Kein Zufall ist es jedoch, dass der Krieg ausgerechnet in Böhmen begann. Kaiser Matthias und der 1617 zum böhmischen König gewählte Ferdinand hatten das Land zum Experimentierfeld der habsburgischen Konfessionalisierung gemacht: Im zehnköpfigen Prager Statthaltergremium saßen nur noch drei Protestanten. Zwei evangelische Kirchen, deren Bau wohl gegen die Buchstaben, nicht aber gegen den Geist des Majestätsbriefs verstieß, wurden kurzerhand niedergerissen. Als eine böhmische Ständedelegation im März 1618 in Wien dagegen protestierte, wurde sie brüsk abgewiesen. Geschickt war dieser Konfrontationskurs nur, wenn man unterstellt, Ferdinand II. habe die Ereignisse vom 23. Mai 1618 provozieren wollen.

Derart in die Defensive gedrängt, setzten die Stände auf einen Bruch, eine «befreiende» Tat, um das Gesetz des Handelns zurückzugewinnen: Unter Führung des Grafen Heinrich Matthias von Thurn (1567–1640) zogen sie auf den Hradschin und stürzten die beiden kaiserlichen Statthalter Wilhelm von Slawata (1572–1652) und Jaroslaw von Martinitz (1582–1649) zusammen mit einem Sekretär aus dem Fenster. Sie fielen jedoch weich in den Abfall des Schlossgrabens und konnten entkommen.

Mit der Defenestration wurde bewusst an das Vorgehen der Hussiten im Neustädter Rathaus 1419 angeknüpft. Der Fenstersturz war ein böhmisches Ereignis, doch er führte Mitteleuropa in einen langen Krieg. Die Habsburger konnten Böhmen nicht aufgeben, ohne ihr Kaisertum zu gefährden, und die dortigen Stände vertrauten auf ihren Rückhalt bei den «evangelischen» Reichsständen. Doch diese hielten sich bedeckt: Konfessionelle Differenzen und mangelnde Ressourcen lähmten die Union. Hinzu kam, dass die böhmischen Stände gegen ihren Landesherrn rebellierten. Die Situation erinnerte an den niederländischen Freiheitskampf: Auch damals hatten die lutherischen Fürsten aus Sorge vor ähnlichen Forderungen ihrer Landstände Wilhelm von Oranien (1533–1584) jegliche Unterstützung verweigert.

Der böhmische Aufstand hing in der Luft, obwohl der Landtag ein ständisches Regiment von 30 Direktoren einsetzte und im Juni 1618 die opponierende Stadt Krumau in Südböhmen erobern ließ. Johannes Burkhardt hat die Erhebung ein gescheitertes Staatsgründungsexperiment genannt. Es gab Eigenständigkeitsbestrebungen und Tendenzen, an die hussitische Tradition einer Nation «Böhmen» anzuknüpfen, doch sie waren nicht ausgereift und konnten nicht reifen. Die Rebellen wollten mit Hilfe einer Konföderation aller erbländischen Stände Ferdinand und die Habsburger entmachten.

Die böhmische Königskrone wurde nacheinander allen Konkurrenten der Habsburger angeboten: dem Herzog Karl Emanuel von Savoyen (1562–1630), dem Fürsten Gábor Bethlen von Siebenbürgen (1580–1629), Johann Georg von Sachsen (1585–1656) und Friedrich V. von der Pfalz. Letzterer griff in völliger Verkennung seiner eigenen Machtbasis und seines Rückhalts in der Union zu. Die böhmischen Stände erklärten am 19. August 1619 König Ferdinand (1578–1637) für abgesetzt, weil seine Wahl 1617 nicht verfassungsgemäß erfolgt und er nie ihr König gewesen sei. Böhmen wurde zur reinen Wahlmonarchie und der König in wichtigen politischen Fragen an die Zustimmung der in sich heterogenen böhmischen Stände gebunden. Diese neuen Herren des Landes sprachen je nach Herkunft deutsch, tschechisch, slowakisch, polnisch oder wendisch. Sie einte die Zugehörigkeit zur Wenzelskrone, der Kampf gegen die Habsburger und für einen Religionsfrieden nach dem Vorbild des Reiches. Der neue König Friedrich I. schien ihnen eine ideale Wahl: In Prag regierte nun der Schwiegersohn König Jakobs I. von England (1566–1625), ein Neffe des niederländischen Statthalters Moritz von Oranien (1567–1625) und ein enger Verwandter König Gustav II. Adolfs von Schweden (1594–1632). Die Hilfe der protestantischen Mächte Europas schien für Böhmen erschlossen. Doch sie alle engagierten sich nicht oder nur halbherzig.

Mit der Königswahl war die letzte Chance zum Kompromiss dahin. Sie erfolgte zudem in einem Augenblick, als die Habsburger ihren Tiefpunkt vom Juni 1619 bereits wieder überwunden hatten. Damals stand das böhmische Ständeheer vor dem ungeschützten Wien. Ferdinand war weder in den Erblanden noch im Reich als Nachfolger des verstorbenen Kaisers Matthias anerkannt. Doch das Heer der böhmischen Aristokratenrepublik konnte die Habsburger nicht besiegen.

Der Sturm auf die habsburgische Zentrale war gescheitert, und Ferdinand kam schnell aus der Defensive heraus: Ende August 1619 wurde er in Frankfurt einstimmig zum Kaiser des Heiligen Römischen Reiches gewählt. Nach dem Krönungsakt konnte er in München – unter tatkräftiger Mithilfe des spanischen Grafen Oñate (1566–1644) – ein Abkommen schließen, das das Schicksal der böhmischen Rebellen besiegelte. Seine Kernpunkte bildeten der Einsatz des Ligaheers in Böhmen und die Besetzung der linksrheinischen Pfalz durch spanische Truppen. Neben der Rückerstattung aller Kriegskosten wurden Herzog Maximilian die eroberten Pfälzer Gebiete und die Pfälzer Kurwürde zugesichert.

Die Liga mobilisierte etwa 25 000 Mann zum Angriff auf Prag, Spanien 20 000 zur Eroberung der Rheinpfalz. Obwohl es auch in Madrid gewichtige Stimmen gegen dieses Engagement gegeben hatte, setzte sich dort doch die Ansicht durch, dass ohne einen habsburgischen Kaiser die spanischen Positionen in Oberitalien und Burgund noch viel schwerer zu verteidigen seien. König Philipp III. stellte Wien bis 1621 insgesamt 40 000 Soldaten und 6 Millionen Gulden zur Verfügung (P. Schmidt 2001, 34 ff.). Kaiser Ferdinand II. gelang es 1620 zudem, Kurbrandenburg zu neutralisieren und Kursachsen gegen die Verpfändung der Lausitzen auf seine Seite zu ziehen. Nachdem die Union ein Eingreifen in Böhmen abgelehnt hatte, blieben alle weiteren Hilfsersuchen König Friedrichs erfolglos: Die

Niederlande wollten sich kurz vor Ende des zwölfjährigen Waffenstillstandes mit Spanien nicht engagieren, versprachen aber finanzielle Hilfe. König Jakob von England strebte eine Schiedsrichterrolle an und verhielt sich abwartend.

Die katholisch-habsburgische Koalition hielt alle Trümpfe in der Hand. Selbst der von Frankreich am 3. Juli 1620 vermittelte Ulmer Waffenstillstand zwischen Union und Liga bevorzugte Maximilian von Bayern. Die gegenseitige Friedensgarantie erlaubte es ihm, seine Truppen in Oberösterreich und Böhmen einzusetzen, während diejenigen der Union wegen des spanischen Vorstoßes am Rhein gebunden blieben. Ambrogio de Spinola (1567–1630) setzte sich dennoch in der linksrheinischen Pfalz und in der Wetterau fest. Kursachsen bemächtigte sich der Lausitzen, und die Ligaarmee eroberte zunächst das Land ob der Enns, um dann in Richtung Prag zu marschieren.

Am 8. November 1620 standen sich das böhmische Ständeheer (21 000 Mann) und die vereinigte Armee von Kaiser und Liga (28 000 Mann) am Weißen Berg bei Prag gegenüber. Johann Tserclaes Graf von Tilly (1559–1632), der Feldherr der Liga, erfocht in zwei Stunden einen triumphalen Sieg. Die Königsherrschaft Friedrichs brach zusammen. Er versuchte nicht einmal, das gut befestigte Prag zu verteidigen. Der «Winterkönig» floh über Schlesien und Norddeutschland ins niederländische Asyl.

Das böhmische Volk hatte sich mit seinem calvinistischen König, der so offensichtlich die hussitischen Glaubensgrundlagen missachtet und den Bildersturm im Prager Veitsdom zumindest geduldet hatte, nie identifiziert. Viele Bauern flohen in die letzten habsburgtreuen Städte oder rebellierten ihrerseits. Böhmen sah zwischen 1618 und 1620 eine Doppelrebellion: diejenige der Stände gegen die Habsburger Königsherrschaft und diejenige der Bauern gegen die Stände. Einen «nationalen» Widerstand gegen die Deutschen gab es jedoch nicht.

Während die Ligatruppen nach und nach ganz Böhmen besetzten, in Mähren kaiserliche Verbände einzogen und Sachsen sich Schlesien und die Lausitzen sicherte, erging über die Rebellen ein grausames Strafgericht: 27 von ihnen wurden in Prag hingerichtet. Darüber hinaus erlebten Böhmen und Mähren gewaltige Besitzumschichtungen und eine planmäßige Rekatholisierung. Neben den wenigen kaisertreu gebliebenen böhmischen Ständen konnte der katholische erbländische Adel mehr als 650 große Güter günstig erwerben und zu riesigen Komplexen zusammenfügen. Etwa 30 000 Familien mussten das Land verlassen (Arndt 2009, 71). Nicht nur der neue Statthalter Fürst Karl von Liechtenstein (1569–1627) legte hier die Basis für den ungeheuren Reichtum seiner Familie, auch Albrecht von Wallenstein (1583–1634) erwarb um die 50 Güter als territoriale Grundlage seines künftigen Herzogtums Friedland.

Ferdinand regierte in Böhmen nach dem Recht des Siegers. Die alten Verträge und Privilegien wurden kassiert: Was der König den Ständen an Befugnissen zurückgab, geschah aus Gnade, nicht aufgrund alter Rechte und schmälerte seine Herrschaft nicht. Die «verneuerte Landesordnung» schrieb 1627 seine frühabsolutistische Herrschaft fest: Die Wenzelskrone wurde erblich, der König bzw. sein Statthalter zum alleinigen Herrschaftszentrum. Ferdinand II. übertraf in Böhmen und Mähren die Territorialstaatsbildungen selbst der mächtigsten Reichsfürsten.

Der Krieg fand zu diesem Zeitpunkt bereits im Norden Deutschlands statt. Er war eskaliert, weil Friedrich nicht nur aus Böhmen, sondern auch aus seinen pfälzischen Territorien vertrieben werden musste, um Maximilian von Bayern mit der Oberpfalz und der Pfälzer Kurwürde entschädigen zu können. Die (ver)öffentlich(t)e Meinung war sich zudem darin einig, dass es in diesem Krieg nicht nur um Böhmen und die Religion, sondern auch um die Veränderung der deutschen Verfassung gehe. Die Flugschriften machten das Vaterland der deutschen Nation zur Rechtfertigungsinstanz und stellten dabei vor allem die deutsche Freiheit – wie schon zur Zeit des Schmalkaldischen Krieges – dem Joch oder der Servitut der Spanier gegenüber. Dagegen weckte jeder Sieg am Kaiserhof neue Hoffnungen, das Konfessions- und Verfassungsgefüge des Reiches im eigenen Sinne umgestalten zu können. Und die Angst davor forcierte wiederum den Widerstand der evangelischen Stände.

2. Von Böhmen nach Mecklenburg

Der «Winterkönig» dachte nicht an eine bedingungslose Kapitulation, Kaiser und Bayernherzog wollten die günstige Gelegenheit nutzen, und das Eingreifen der Spanier in der Pfalz sorgte für den Fortgang des Krieges. Ihre in den Niederlanden kämpfenden Soldaten hatten schon im späten 16. Jahrhundert zugunsten des katholischen Glaubens im westlichen Reichsgebiet interveniert. Die auseinanderfallende Union stand gegen diesen übermächtigen Gegner auf verlorenem Posten.

Wegen der in den Niederlanden neu ausbrechenden Kämpfe verließ zwar die spanische Hauptarmee im Frühjahr 1621 den pfälzischen Kriegsschauplatz, doch andere Kräfte drängten nach. Drei mehr oder weniger selbständig operierende Heerführer hatten sich der Sache des «Winterkönigs» verschrieben. Graf Ernst von Mansfeld (1580–1626) reorganisierte im Winter 1620/21 die versprengten Reste der böhmischen Armee und verfügte über etwa 10 000 Soldaten. Nach einigen kleineren Scharmützeln mit den Ligatruppen in der Oberpfalz schloss er einen Vergleich mit Herzog Maximilian. Entgegen den Absprachen zog er jedoch direkt in die Kurpfalz, so dass die verbliebenen Spanier die Belagerung der Festung Frankenthal abbrechen und sich nach Oppenheim zurückziehen mussten. Die Ligaarmee folgte Mansfeld. Im Winter 1621/22 kontrollierte Tilly die Rheinpfalz nördlich des Neckars, die Spanier den Norden der linksrheinischen Pfalz und Mansfeld einen breiten Riegel im Süden mit den Städten Bruchsal und Hagenau. Markgraf Georg Friedrich von Baden-Durlach (1573–1638) hatte unterdessen ebenfalls 11 000 Soldaten geworben – offiziell, um sein Land zu verteidigen. Tatsächlich fürchtete er mögliche Rückwirkungen eines kaiserlich-katholischen Triumphes auf seinen am Wiener Reichshofrat anhängigen Erbschaftsprozess.

Tilly wollte im Frühjahr 1622 Heidelberg erobern, wurde aber von Mansfeld neckaraufwärts abgedrängt. Markgraf Georg Friedrich zog den Ligatruppen entgegen. Er verlor zwar die Schlacht bei Wimpfen am 5. Mai 1622, konnte seine Truppen allerdings unbedrängt im Durlachischen reorganisieren.

Neben ihm und Mansfeld drängte mit Christian von Braunschweig-Wolfenbüttel (1599–1626), dem evangelischen Administrator des Bistums Halberstadt, ein dritter Condottiere auf den Pfälzer Kriegsschauplatz. Als ihm 1621 Ligatruppen in Oberhessen den Weg verlegten, kehrte er nach Westfalen zurück und besetzte das Stift Paderborn. Dabei fiel ihm der große Domschatz in die Hände. Christian, der den Beinamen «der tolle Halberstädter» erhielt, erreichte mit einem Heer von etwa 11 000 Mann 1622 den Main. Bei Höchst wurde er zwar am 20. Juni besiegt, konnte aber zwei Drittel seiner Truppen und seinen Kriegsschatz retten und sich bei Bensheim mit Mansfeld vereinigen. Gemeinsam zogen sie ins Elsass und unterstützten anschließend die niederländischen Truppen beim Entsatz von Bergen-op-Zoom.

Die Kurpfalz fiel an Maximilian von Bayern: Am 19. September nahm Tilly Heidelberg, am 2. November Mannheim. Damit war das Zentrum des deutschen Calvinismus in katholischer Hand. Die Bayern übernahmen die Regierung in Heidelberg, die Jesuiten das Kommando in der dortigen Universität. Maximilian schenkte die berühmte «Bibliotheca Palatina», etwa dreieinhalbtausend Bände mittelalterlicher Handschriften, dem Papst. Der Sieg der kaiserlich-katholischen Kräfte schien vollkommen, zumal auch die Festung Frankenthal 1623 an die Spanier fiel: die Gegenreformation bedrohte weite Teile Oberdeutschlands.

Gegen den Rat fast aller Fürsten und selbst der spanischen Delegation übertrug der Kaiser während des Regensburger Deputationstages die Pfälzer Kurwürde am 25. Februar 1623 an Herzog Maximilian von Bayern. Niemand wagte, Kaiser und Bayernherzog offen entgegenzutreten, obwohl alle wussten, dass dieses mit der Reichsverfassung unvereinbare Vorgehen den Krieg verlängern und England provozieren musste. Der Deputationstag endete vorzeitig, weil die Kurfürsten von Sachsen und Brandenburg weder ihren neuen Kollegen anerkennen noch zusammen mit ihm beraten wollten. Die protestantischen Fürsten lehnten es zudem ab, die kaiserliche Kriegsführung zu finanzieren, weil sie sich von der Ligaarmee massiv bedroht fühlten.

Kurfürst Johann Georg von Sachsen, der «Bierjörg», ignorierte freilich alle Wünsche der lutherischen Reichsstände, nach dem Ende der Union eine neue Einung zur Verteidigung von evangelischer Religion und deutscher Freiheit zu bilden. Der antikaiserlichen Politik seiner Ernestiner Vettern fehlten hingegen die nötigen Ressourcen. Der von Herzog Wilhelm IV. von Sachsen-Weimar (1598–1662) im Herbst 1622 gegründete «Teutsche Friedbund» scheiterte kläglich. Wichtig ist er nur wegen seines Programms, das in enger Anlehnung an die «Fruchtbringende Gesellschaft» die deutsche Freiheit wiederherstellen und allen Untertanen die Gewissensfreiheit garantieren wollte.

Die Ligaarmee verließ im Frühjahr 1623 Oberdeutschland, um ein Reichshofratsedikt gegen Landgraf Moritz von Hessen-Kassel zu exekutieren sowie Westfalen vor den Armeen des Grafen Mansfeld und Christians von Halberstadt zu schützen. Tilly besiegte sie am 6. August 1623 bei Stadtlohn. Der Halberstädter entkam mit wenigen Soldaten über die nahe Grenze in die Niederlande. Die Ligatruppen waren ohne Gegner, wurden aber nicht entlassen, sondern gingen im evangelischen Westfalen ins Winterlager. Ihr Ziel konnte nur sein, den Religionsfrieden im kaiserlich-katholischen Sinne durchzusetzen und die meisten niederdeutschen Stifte zu rekatholisieren.

Die Verbitterung im protestantischen Deutschland und Europa wuchs und führte auch in England und Frankreich zu einem Stimmungsumschwung: Auf Drängen des Parlaments verhandelte König Jakob I. mit Frankreich über ein gemeinsam auszustattendes Heer, das Mansfeld führen und das die Pfalz zurückerobern sollte. Ludwig XIII. (1601–1643) hatte angesichts der inneren Konflikte mit den Hugenotten die Niederlage der böhmischen Calvinisten begrüßt, musste nun aber zusehen, wie die Habsburger die europäischen Machtverhältnisse zum Nachteil Frankreichs verschoben. Im Reich litten daher Ober- und Niederdeutschland gemeinsam und in gleicher Weise unter dem katholischen Heer und dem Veränderungswillen Kaiser Ferdinands II.

Der entthronte «Winterkönig» ließ unterdessen an den evangelischen Höfen Europas sondieren, um eine neue Armee aufzubauen. König Gustav II. Adolf von Schweden zeigte sich zwar interessiert, zog es 1625 aber vor, Polen anzugreifen. Christian IV. von Dänemark (1577–1648) fühlte sich vom Ligaheer bzw. der gegenreformatorischen Politik des Kaisers bedroht und wollte seinen Söhnen die Bistümer Verden, Bremen und Osnabrück sichern. Aufgrund seiner Einnahmen aus den Sundzöllen glaubte er sich stark genug, um in Deutschland erfolgreich intervenieren und sich als Retter des evangelischen Glaubens profilieren zu können. Da er als Herzog von Holstein dem niedersächsischen Reichskreis angehörte, ließ er sich im April 1625 zum Kreisobristen wählen und ein Heer von 10 000 Mann zu Fuß und 3 000 zu Pferd bewilligen. Nachdem der Kaiser die Ligaarmee zum Kampf gegen den Dänenkönig ermächtigt hatte, hielt sich Christian IV. nicht an den Beschluss, diese Soldaten nur defensiv im Kreisgebiet einzusetzen, sondern zog im Juni 1625 dem Heer Tillys entgegen und besetzte Verden und Nienburg. Die mecklenburgischen Herzöge und Landgraf Wilhelm von Hessen-Kassel (1602–1637) unterstützten ihn, büßten dies aber später mit dem Verlust ihrer Länder. Vom Rhein her stießen erneut Mansfeld und Halberstadt, die mit französischen, englischen und niederländischen Subsidien neue Regimenter angeworben hatten, nach Westfalen vor.

Der bis dahin habsburgisch-deutsche Krieg zog nun die europäischen Mächte in seinen Bann, auch wenn sich am Haager Konzert – einem Bündnis der Generalstaaten, Englands, Dänemarks und der Pfalz – Schweden, das in Preußen und Polen Krieg führte, und Frankreich nicht beteiligten. Da England und die Niederlande selbst offensiv gegen die Spanier vorgehen wollten, stellten sie nur geringe Summen für die deutsche Front bereit.

Ende Juli 1625 überquerte die Ligaarmee die Weser. Für Christian IV. wurde die Lage bedrohlich, denn die evangelischen Kurfürsten von Sachsen und Brandenburg verhielten sich abwartend, Bremen und Hamburg bekämpften ihn sogar, weil er mit seiner expansiven Politik ihre Selbständigkeit und mit seinen Zöllen und Embargos die Profite ihrer Händler schmälerte. Entscheidend für das dänische Desaster aber war, dass plötzlich eine kaiserliche Armee unter Führung Albrechts von Wallenstein auf dem Kriegsschauplatz erschien.

Wallenstein wurde zum mit Abstand erfolgreichsten Kriegsunternehmer seiner Zeit. Er hatte im lutherischen Altdorf studiert, war 1607 zum katholischen Glauben konvertiert und dann in kaiserliche Dienste getreten. Zwei äußerst vorteilhafte Heiraten machten ihn reich und verhalfen ihm zu einer Karriere in der kaiserlichen Armee. Wallenstein warb Regimenter und unterhielt sie aus eigenen Mitteln, stellte dem Kaiser aber alles in Rechnung: Dafür erwarb er mehr als 50 Güter im Nordosten Böhmens, die er 1623 bei seiner Erhebung in den Fürstenstand dem Kaiser zu Lehen auftrug. Zwei Jahre später bot er dem Reichsoberhaupt an, auf eigene Kosten eine Armee ins Feld zu führen.

In Wien zögerte man, das Angebot anzunehmen: Einige kaiserliche Räte fürchteten die provozierende Wirkung einer weiteren Armee ebenso wie die Schuldenlast. Ferdinand II. erschien es aber vorteilhafter, irgendwo in Norddeutschland die eigenen Interessen offensiv durchzusetzen, als sich im eigenen Land verteidigen zu müssen. Mitte Juni 1625 wurden die Verträge in Nikolsburg unterzeichnet. Wallenstein erhielt alle erdenklichen Vollmachten, um eine Armee von 24 000 Mann aufzustellen, seine Güter wurden zum Herzogtum Friedland zusammengefasst.

Die Beweggründe Wallensteins bleiben im Dunkeln. Er konnte diese Armee auf Dauer nicht selbst unterhalten. Mit seinen Anfangsinvestitionen ging er ein enormes Risiko ein. Er kannte freilich die evangelischen Koalitionspläne und wusste, falls der «Winterkönig» zurückkehrte, waren alle Besitzwechsel Makulatur. Doch diese Erklärung und sein unbändiger Ehrgeiz sind nur die eine Seite, die Wallenstein zum Handeln trieb. Hinzu kam sein Glaube an die Vorsehung. Ein Horoskop Johannes Keplers (1571–1630) hatte für den Friedländer die gleiche Sternenkonstellation errechnet, die schon für Königin Elisabeth von England (1533–1603) gegolten hatte. Kepler hat übrigens auch den Tod Wallensteins fast auf die Stunde genau vorausberechnet. Neben dem zielstrebig planenden und handelnden Wallenstein stoßen wir hier auf eine uns heute irrational erscheinende Ebene: die nicht zu vernachlässigende andere Seite im Leben dieses großen Feldherrn. Er schöpfte ganz offensichtlich einen Teil seiner Kraft aus diesen Quellen.

Der Grundgedanke des «rationalen» Wallenstein bestand in der engen Verknüpfung seiner Armee mit seinem Herzogtum Friedland. Es wurde zur militärischen Versorgungsbasis: nicht nur für Lebensmittel, auch für Waffen und Munition, Schuhe und Uniformen. Wallenstein wollte dem Kaiser nicht nur helfen, er wollte auch verdienen – und dies gleich doppelt: An der Wohlstandsmehrung seiner Untertanen durch die Armeeaufträge partizipierte er über Steuern und Abgaben. Zudem stellte er alle Kosten dem Kaiser in Rechnung.

Seinen riesigen Finanzbedarf deckte der Katholik Wallenstein mit Hilfe des calvinistischen Finanzmanns Hans de Witte (1583–1630), der die benötigten Gelder auf den europäischen Finanzmärkten auftrieb. Um kreditwürdig zu bleiben, sorgte Wallenstein dafür, dass die Armee aus dem Gebiet versorgt wurde, in dem sie gerade operierte. Dazu benötigte er eine funktionierende Wirtschaft und eine Verwaltung, die Steuern und Abgaben einziehen konnte. Er unterband deshalb zügellose Plünderungen und achtete rigoros auf Disziplin. Dafür forderte er hohe Kontributionen. Seine Soldaten erhielten regelmäßig einen deutlich höheren Sold als üblich. Die Offiziere verdienten sogar das Drei- bis Fünffache. Sie alle waren auf das System Wallenstein eingeschworen, weil sie davon profitierten. Theoretisch wurden selbst die Bauern für ihre Proviantlieferungen entschädigt. Das System kollabierte jedoch, als die durch den langen Krieg verarmte Bevölkerung die Steuern nicht mehr aufbringen konnte.

Mit Wallenstein wurde der Höhepunkt des freien Söldnertums überschritten. Die Zukunft gehörte den stehenden Heeren. Der Friedländer zeigte aber, was bei perfekter Organisation möglich war. Binnen zweier Monate stampfte er eine Armee von 18 000 Fußknechten und 6000 Reitern aus dem Boden, die er noch im gleichen Jahr auf 62 000 Mann vergrößerte. 1626 hatte sich diese Armee auf über 100 000 Soldaten beinahe verdoppelt, und 1630, kurz vor ihrer Auflösung, zählte sie auf dem Papier 150 000, real wohl 110 000 Mann (Wilson 2009, 395). Ein Söldnerführer, der eine so große Armee sein Eigen nannte, konnte selbst für einen Kaiser zu einer ernsthaften Gefahr werden.

Im Herbst 1625 operierte dieses Heer an der mittleren Elbe. Es versperrte dem Dänenkönig den Weg nach Böhmen und Schlesien und konnte auf dem Wasserweg aus dem Herzogtum Friedland versorgt werden. Doch dem Kaiser ging es nicht mehr allein um den Schutz der Erblande. Die Wahl Franz Wilhelms von Wartenberg (1593–1651), außerehelicher Abkömmling der bayerischen Wittelsbacher und Vorkämpfer der Gegenreformation, zum Osnabrücker Bischof war mehr als ein Fingerzeig. Im Frühjahr 1626 erzwang allerdings ein Vorstoß «evangelischer» Verbände nach Osnabrück die Wahl des dänischen Prinzen Friedrich zum Koadjutor. Christian von Halberstadt zog nach Hessen, und Ernst von Mansfeld wollte sich den Weg nach Südosten freikämpfen, wurde jedoch im April bei Dessau von Wallenstein schwer geschlagen. Mit den verbliebenen Verbänden marschierte er über Schlesien und Böhmen bis nach Neuhäusl in Ungarn, wo er sich mit den Truppen Gábor Bethlens vereinigte. Mansfeld operierte nun wenig erfolgreich im Rücken des Kaisers und starb Ende 1626 bei Sarajevo.

Tilly besetzte unterdessen die Landgrafschaft Hessen-Kassel und besiegte – verstärkt mit Teilen der Armee Wallensteins – Ende August 1626 den Dänenkönig bei Lutter, südlich von Braunschweig. Beide Armeen waren etwa 20 000 Mann stark. Der Dänenkönig hatte 3000 Gefallene, 2500 Gefangene, 2000 Desertierte sowie den Verlust seiner Artillerie und großer Teile des Trosses einschließlich jener beiden Wagen zu beklagen, die angeblich mit Gold beladen waren. Er wurde nach Jütland abgedrängt: Die meisten niedersächsischen Reichsstände setzten daraufhin auf einen Ausgleich mit dem Kaiser, so dass nun auch der Norden den kaiserlich-katholischen Heeren offenstand.

Noch einmal kam den evangelischen Kräften das Kriegsglück in Gestalt des oberösterreichischen Bauernaufstandes, der von einer Armeeeinheit unter Graf Gottfried Heinrich von Pappenheim (1594–1632) niedergeschlagen werden musste, und Gábor Bethlens zu Hilfe, der in Ungarn zusammen mit den Resten des Mansfeldischen Heeres operierte. Wallenstein musste seine Armee eiligst nach Süden verlegen. Am 30. September 1626 standen sich die Heere gegenüber, doch der Friedländer ließ Bethlen abziehen und ging bei Tyrnau ins Winterquartier. Er wollte sein Heer, die Grundlage seiner Macht, keiner Gefahr aussetzen. Sein für viele unverständliches Zögern und die stetige Vergrößerung seiner Armee führten am Wiener Hof zu ersten Verdächtigungen. Kurfürst Maximilian und Tilly wandten sich offen gegen Wallenstein: 1627 erreichte eine erste Protestnote der Liga Wien.

Seine Ziele erreichte Wallenstein auch ohne Schlachten: Bethlen schloss Frieden mit dem Kaiser, und die Reste der Truppen Mansfelds wurden in Schlesien und Mähren aufgerieben. Der Friedländer zog über Brandenburg nach Mecklenburg, während Tilly die westelbischen Gebiete unterwarf. Beide stießen dann nach Holstein und Jütland vor: Die dänische Armee wurde zerschlagen, ihre Reste zogen sich auf die Inseln zurück, wo sie ohne Flotte unangreifbar waren.

In Deutschland operierten nun zwei verbündete Armeen ohne Gegner. Der Kaiser hielt daher auf dem Mühlhausener Kurfürstentag 1627 die Zeit für reif, seine neuen Ziele offenzulegen: konfessionelle Neuordnung Deutschlands und Restitution aller nach 1552 säkularisierten Kirchengüter. Er stieß auf größte Skepsis. Maximilian von Bayern inszenierte selbst den Gegenstoß, obwohl seinem Haus die Kurwürde nun erblich zugesprochen wurde. Die Kurfürsten forderten eine drastische Reduzierung der kaiserlichen Armee und das Ende der selbstherrlichen Kontributionspolitik Wallensteins. Sie wollten sich nicht länger von einem Parvenü drangsalieren lassen. Die deutsche Libertät, Freiheit und Autonomie der Stände, wurde wieder einmal zur verbindenden Klammer zwischen evangelischen und katholischen Fürsten gegen die Pläne des Kaisers.

Ferdinand II. missachtete alle Warnungen. Nachdem er die Herzöge von Mecklenburg wegen ihres Bündnisses mit dem Dänenkönig geächtet hatte, übertrug er Wallenstein am 1. Februar 1628 deren Fürstentümer. Im April machte er ihn zum «General des ozeanischen und baltischen Meeres», also zum kaiserlichen Admiral der Nord- und Ostsee. Der maritime Pläne signalisierende Titel und die Idee, neben den von der Hanse zu stellenden Kriegsschiffen weitere zu kaufen, um sie unter kaiserlicher Flagge operieren zu lassen, provozierten nicht nur Dänen und Schweden, sondern auch Niederländer und Engländer. Wallenstein begann mit dem Bau einer Flotte, verprellte aber den Kaiser, weil er kein Interesse am Schutz der spanischen Schiffe in der Nordsee zeigte, sondern Kontakte in die Niederlande knüpfte, um die Ostsee zu befrieden (Wilson 2009, 427 f.). Darüber hinaus kümmerte er sich 1628/29 intensiv um die Modernisierung Mecklenburgs, das er wie Friedland zu einem Musterfürstentum umgestalten wollte.

Nachdem fast ganz Deutschland von den «katholischen» Armeen kontrolliert wurde und Ferdinand hier eine größere Machtbasis besaß als alle frühneuzeitlichen Kaiser vor ihm, zielte sein Feldherr auf die Sicherung des Erreichten. Er hoffte auf die Unterstützung der Hansestädte, erhielt aber einen ersten schweren Dämpfer. Das als Flottenbasis vorgesehene Stralsund lehnte die Aufnahme kaiserlicher Truppen ab, und Wallenstein konnte die gut befestigte und strategisch wichtige Hansestadt nicht erobern. Der Mythos «Wallenstein» begann zu bröckeln. Gravierender aber waren die politischen Konsequenzen: Gustav Adolf von Schweden hatte mit der Hansestadt einen Hilfsvertrag geschlossen und sie von einem kleinen schwedischen Korps verteidigen lassen. Diesen unbemerkten «Kleinkrieg» mit Schweden forcierte Ferdinand II., als er im Frühjahr 1629 dem Polenkönig ein Hilfskontingent sandte. Auf Vermittlung Kardinal Richelieus (1585–1642) verständigten sich jedoch Schweden und Polen am 25. September 1629 in Altmark auf einen Waffenstillstand. Gustav Adolf bekam die Hände frei, um im Reich einzugreifen.

Richelieu, seit 1624 leitender Minister König Ludwigs XIII., gilt als entschiedener Verfechter der Staatsräson. Mit der Eroberung der Hugenottenfestung La Rochelle bereinigte er 1628 die inneren Auseinandersetzungen, um danach seine beiden außenpolitischen Hauptziele – Sprengung der habsburgischen

Umklammerung und Etablierung einer französisch dominierten europäischen Friedensordnung – mit bewundernswerter Zähigkeit und diplomatischem Geschick zu verfolgen.

Während Richelieu Ende der zwanziger Jahre lediglich im Veltlin und in Oberitalien Krieg führte, besiegte Wallenstein Anfang September 1628 Christian IV. ein weiteres Mal und bot ihm danach im vollen Bewusstsein der schwedischen Gefahr einen günstigen Frieden an, der am 7. Juni 1629 in Lübeck unterzeichnet wurde. Der Dänenkönig musste sich aus Deutschland zurückziehen und auf alle Rechte in und an den deutschen Bistümern verzichten. Wallenstein und der Kaiser konnten ihren nicht mehr immer identischen Vorstellungen nun auch im deutschen Norden Nachdruck verleihen. Ferdinand II. verzettelte nun freilich seine Kräfte: Statt sich auf die beabsichtigte Umgestaltung Deutschlands zu konzentrieren, schickte er aus Solidarität mit den Spaniern Truppen nach Italien. Der deutsche Norden wurde den italienischen Interessen nachgeordnet. Nach dem Aussterben der Hauptlinie der Gonzaga (1627) ging es hier um die Nachfolge in den beiden Reichslehen Montferrat und Mantua und um die Unterstützung Spaniens gegen Frankreich, das sich nun, abgesichert durch ein Bündnis mit Venedig, als italienische Vormacht sah. Die aus Norddeutschland abgezogenen Regimenter besetzten im Mai 1629 die Bündner Pässe. Ende des Jahres belagerten sie Mantua. Richelieu musste Mantua opfern. Seine Truppen banden jedoch die spanische und die kaiserliche Armee in Norditalien – mit fatalen Folgen für Deutschland.

3. Das Restitutionsedikt

Das 1629 kraft kaiserlicher Machtvollkommenheit verkündete Restitutionsedikt sollte die längst begonnene Rückführung des nach 1552 säkularisierten Kirchenbesitzes beschleunigen. Außer in Sachsen und Brandenburg berührte es die konfessionelle und territoriale Integrität fast aller evangelischen Stände.

Was bewog Ferdinand II., ein konfessionelles Maximalprogramm eigenmächtig in die Tat umzusetzen und damit nicht nur alle evangelischen, sondern auch noch einen Teil der katholischen Stände gegen sich aufzubringen? War es der katholische Glaube, der sich bei ihm – wie Evans meint – zu einer verzehrenden Leidenschaft ausgewachsen hatte? Oder war es das verlockende Ziel einer Stärkung der kaiserlichen Macht, die sich gegenüber geistlichen Fürsten und evangelischen Landesherren, deren Territorien durch zahllose katholische Klöster durchbrochen waren, eher durchsetzen ließ als gegenüber mächtigen und selbstbewussten, auf die deutsche Freiheit pochenden Dynasten, die ein geschlossenes Staatsgebiet beherrschten?

Ferdinand stammte aus der in Graz regierenden Nebenlinie der Habsburger. Seine katholische Erziehung, insbesondere an der Jesuitenuniversität in Ingolstadt, und der erfolgreiche Kampf seines Vaters gegen den protestantischen steirischen Adel prägten zeitlebens seine Vorstellungen. Als die Kinderlosigkeit seiner beiden Vorgänger den äußerst frommen, ja bigotten Erzherzog 1619 mit 41 Jahren auf den Kaiserthron brachte, versuchte er, seine Grazer Erfahrungen auf die Erblande und modifiziert auf ganz Deutschland zu übertragen. Mit seiner starren Haltung in konfessionellen Fragen hat er die politische Lösung der Konflikte mehr als einmal verhindert. Aus gegenreformatorischer Sicht ist sein Handeln jedoch logisch und konsequent: Die einflussreichsten Berater seines Vorgängers Matthias, vor allem Kardinal Klesl, wurden entmachtet, weil sie bei aller katholischen Glaubenstreue politisch mehr an einen Ausgleich als an die permanente Konfrontation dachten. Seine Grazer Räte und die Jesuiten übernahmen das Regiment in Wien. Ferdinand dachte wie sie und in ihren Perspektiven.

Böhmen wurde zum Testfeld: Während die Protestanten ihren sozialen Status einbüßten oder wie die evangelischen Prediger das Land verlassen mussten, wurde eine neue Herrschaftselite auf Ferdinand und das Haus Habsburg eingeschworen. In den österreichischen Erblanden mit ihren mächtigen evangelischen Ständen agierte er zwar vorsichtiger, ohne jedoch seine Ziele, die Ausrottung des evangelischen Glaubens und die Unterordnung der Stände, aus den Augen zu verlieren.

Die gegenreformatorische Katholizität genoss absolute Priorität: Dass die Vertreibung evangelischer Bürger Gewerbe und

Handel empfindlich schädigte, nahm er in Kauf. Ferdinand II. hat seine steirischen Erfahrungen nie den politischen Erfordernissen einer Großmacht angepasst. Ungarn wurde auch deswegen zur Achillesferse der Habsburger Herrschaft, weil sich Gábor Bethlen und Georg Rákóczi (1593–1648) wegen des straffen Wiener Regiments stets der Unterstützung des einheimischen Adels sicher sein konnten.

Noch komplizierter lagen die Dinge in Deutschland. Der Kaiser wollte den katholischen Glauben und das Kirchengut gemäß den Buchstaben des Augsburger Religionsfriedens restituieren. Bei der Rekatholisierung der Pfalz hatte sich aber gezeigt, wie langwierig und unwägbar der Rechtsweg sein konnte. Ferdinand suchte daher eine summarische Regelung: eine den Religionsfrieden im katholischen Sinne definitiv auslegende «Norm».

Im Oktober 1628 erhielten die Kurfürsten von Mainz und von Bayern den Entwurf des «Restitutionsedikts». Die Präambel betont, dass nur den bestehenden Reichsgesetzen Geltung verschafft werden solle, aber auch die geistlichen Fürsten das Recht erhalten müssten, die Religionszugehörigkeit ihrer Untertanen festzulegen. Dadurch ließ sich die Rekatholisierung evangelischer Bistümer entscheidend beschleunigen. Vor seiner Veröffentlichung am 6. März 1629 wurde das Restitutionsedikt noch einmal im Sinne des alleinigen kaiserlichen Interpretationsrechts verschärft: Der Religionsfrieden sollte nur für die Anhänger der *Confessio Augustana invariata* gelten, also nur für die Lutheraner. Das Edikt machte alle Calvinisten zu Ketzern, denen die Reichsacht und der Verlust ihres gesamten Besitzes drohte. Die lutherischen Fürsten hatten sich bisher stets vehement dagegen gewandt, dass der Reichstag diese heikle Frage entschied – nun tat es der Kaiser mit einem Federstrich.

Die Rückführung der Kirchengüter auf den Stand des Jahres 1552 bedeutete den Verlust zahlloser protestantischer Positionen: In den Erzbistümern Bremen und Magdeburg sowie in sieben weiteren norddeutschen Bistümern musste der katholische Glaube eingeführt, in ganz Deutschland mehr als ein halbes Tausend Klöster der katholischen Kirche zurückgegeben werden. Die Restitution sollte vom Reichskammergericht summarisch erkannt werden. Da allerdings die «occupierung der Stiffter [...] ganz notori» sei, wurde auch die pauschale Entscheidung kaiserlicher Kommissare für ausreichend angesehen.

Obwohl sich die Extremisten der Gegenreformation mit ihrem Konzept einer vollständigen Rekatholisierung des Reiches nicht durchgesetzt hatten, traf das Restitutionsedikt das evangelische Deutschland bis ins Mark: Drohten nun überall Säuberungen wie in Böhmen? Die kaiserlichen Kommissare verfügten Restitution über Restitution: In Württemberg fielen etwa 50 Klöster an katholische Orden. Über die Verteilung der Beute kam es jedoch zum Streit: Während die alten Orden wie Benediktiner oder Zisterzienser ihre Wiedereinsetzung forderten, gingen viele Klöster an die im gegenreformatorischen Sinn aktiveren Jesuiten.

Auch im niedersächsischen Kreis haben kaiserliche Kommissare kräftig restituiert, und die Ligasoldaten sorgten in Osnabrück, Bremen, Verden und Hildesheim für den sofortigen Vollzug. Leopold Wilhelm (1614–1662), der 15-jährige Sohn des Kaisers, erhielt neben den Bischofsmitren von Passau und Straßburg noch diejenigen von Magdeburg und Halberstadt sowie das Sukzessionsrecht in Bremen; Franz Wilhelm von Wartenberg bekam zu Osnabrück noch Minden und Verden hinzu.

Die vom Restitutionsedikt nicht betroffenen lutherischen Kurfürsten von Sachsen und Brandenburg protestierten mit verfassungsrechtlichen Argumenten und stießen selbst bei vielen katholischen Ständen auf Resonanz. So sehr diese die Restitutionen wünschten, so sehr waren auch sie über die Form besorgt. Das Edikt wurde als Angriff auf die deutsche Freiheit und als erster Schritt auf dem Weg in den kaiserlichen Absolutismus gedeutet.

Die deutsche Libertät, als Verfassungsprinzip erstmals im Kampf gegen die Universalmonarchie und die «viehische spanische servitut» Karls V. (1500–1558) von den evangelischen Fürsten beschworen, war inzwischen ein fester Bestandteil des allgemeinen Reichsbewusstseins geworden. Die Reichsstände betrachteten sich aufgrund ihrer angestammten, auf die *libertas Germanorum* des Tacitus und nicht auf kaiserliche Privilegien zurückgeführten Freiheit als *cives* des Reiches, als Reichsbürger, die neben größtmöglicher Autonomie im eigenen Territorium ihr Recht zur Mitwirkung in Reichsangelegenheiten und zur Kontrolle des Kaisers auszeichne. Gegen beide Prinzipien verstieß Ferdinand II. mit dem Restitutionsedikt. Er gefährdete dadurch die Identität des komplementären Reichs-Staates als einem nicht monarchisch regierten Gemeinwesen, das in altrepublikanischer Manier niemandem untertan sein und sich seine Gesetze selbst geben wollte. Eine Flugschrift vermutete, dass der Kaiser «den Meister von Teutschland» spielen wolle. Ferdinand II. ließ sich zu dieser Zeit in monarchischer Pose malen: hoch zu Ross, als Sieger über Ketzer und Türken.

Die Jahre 1629 bis 1631 hätten zur Umgestaltung des Reiches und zum Frieden führen können: Kaiser und Stände besaßen die leichtfertig verspielte Chance, sich ohne Einwirkungen von außen auf ein Friedenskonzept zu verständigen. Ferdinand II. hielt jedoch unbeirrt am Restitutionsedikt fest und zwang damit die evangelischen Stände zum Widerstand. Gleichzeitig verstärkte sich die Kritik an Wallensteins scheinbar überdimensioniertem Heer. Der Mainzer Kurfürst, Erzbischof Anselm Casimir Wambolt von Umstatt (1583–1647), Sohn eines Konvertiten und entschiedener Vorkämpfer der Gegenreformation, verlangte auf dem Mergentheimer Ligatag Ende des Jahres 1629 die Abberufung Wallensteins. Als Kurerzkanzler des Reiches lud er, da der Kaiser keinen Reichstag einberufen wollte, zum Kurfürstentag nach Regensburg ein. Ihm ging es um die reichsständischen Rechte und um den Versuch, doch noch einen Konsens zwischen evangelischen und katholischen Kurfürsten auszuhandeln.

An der Versammlung nahmen der Kaiser, die vier katholischen Kurfürsten, der päpstliche Nuntius, Gesandte Frankreichs, Spaniens, Venedigs, der Toskana, Englands und viele andere Delegationen einschließlich derjenigen Johann Georgs von Sachsen und Georg Wilhelms von Brandenburg teil. Dass die beiden protestantischen Kurfürsten nicht persönlich erschienen, sollte auf ihre anhaltende Verärgerung über das Restitutionsedikt aufmerksam machen. Beide hielten die Situation für überaus bedrohlich und hatten sich deswegen trotz aller konfessionellen Bedenken auf eine gemeinsame Instruktion geeinigt.

In Regensburg standen 1630 die Zeichen auf Sturm. Ferdinand II. erschien am vermeintlichen Höhepunkt seiner Macht als mittelloser Bittsteller. Der Krieg in Norditalien hatte seine Finanzen erschöpft. Die Kurfürsten sollten seinen Sohn Ferdinand (geb. 1608, Kaiser 1637–1657) zum römischen König wählen. Sie lehnten ab, weil kein Wahltag einberufen worden sei, verlangten jedoch ultimativ die Entlassung Wallensteins. Der Kaiser gab am 13. August nach. Während sich der Friedländer anstandslos auf seine böhmischen Besitzungen zurückzog, beging sein Finanzier de Witte Selbstmord. Die fortan 40 000 Soldaten der kaiserlichen Armee und die 20 000 der Liga sollten gemäß der Romzugsmatrikel unterhalten werden.

Wenn Ferdinand II. sich jemals der Illusion hingegeben hatte, das Reich nach böhmischem Muster umgestalten zu können, sah er sich eines Besseren belehrt. Die Stände konstatierten eine akute Bedrohung der deutschen Freiheit und befürchteten eine Umgestaltung des Reiches in Richtung auf eine wirkliche Monarchie oder gar eine «Militärdiktatur» Wallensteins. Die Nachricht von der Landung Gustav Adolfs änderte daran nichts. Niemand wollte zugunsten des abgedankten Wallenstein in den Krieg ziehen. Die Stände vertrauten zudem Tilly, der den Schweden den Weg ins Reich schon verlegen werde.

IV. Um Deutschland und Europa? Habsburg, Schweden und Frankreich (1630–1643)

Hatten Kaiser Ferdinand II. und Kurfürst Maximilian von Bayern das Kriegsgeschehen bis hierher diktiert und beinahe ganz Deutschland von den Alpen bis an die Küsten der Nord- und Ostsee unter ihre Kontrolle gebracht, änderte sich dies 1630/31 grundlegend. Es drohte die Spaltung in eine kaiserlich-katholisch-süddeutsche und eine schwedisch-protestantisch-norddeutsche Einflusszone. Die evangelischen Stände unterzeichneten aber nur zögernd die von König Gustav Adolf offerierten Bündnisverträge. Sie sahen in ihm eher einen Aggressor als einen Befreier, doch der Kaiser bot ihnen keine Alternative. Während er nicht nur die Rekatholisierung, sondern auch den Ausbau seiner monarchischen Stellung betrieb, glaubten die evangelischen Reichsstände, dass ein dauerhafter Friede die Rückkehr zu den politischen und konfessionellen Verhältnissen des späten 16. Jahrhunderts voraussetze. Ihre Vorstellungen korrespondierten mit den schwedischen und französischen Friedensplänen. Nun gab es eine klare Alternative: Wiederherstellung der deutschen Freiheit und der ständisch geprägten Reichsverfassung oder Ausbau ihrer monarchischen Elemente.

1. Gustav Adolf und die schwedische Intervention

Als der schwedische König am 6. Juli 1630 mit 10 000 Fußsoldaten und 3000 Reitern auf der Insel Usedom landete, ging er ein hohes Risiko ein. Der Gustav-Adolf-Kult des 19. Jahrhunderts, der vor allem im wilhelminischen Deutschland zum Massenphänomen wurde, hat seine historische Gestalt bis zur Unkenntlichkeit überhöht. Als nordischer Kriegsmann passte der «Löwe aus Mitternacht» in das preußisch-protestantische Bild dieses deutschen Nationalstaates. Die Quellen zeigen jedoch einen ruhmbegierigen Kriegsmann, der seine begrenzten Ressourcen effektiv nutzte, einen Eroberungskrieg führte und kühl kalkulierend die schwedischen Interessen in Deutschland verfolgte. War es zunächst sein Ziel, die Ostseeküste von den Feinden Schwedens zu säubern, entwickelte er während seines Siegeszuges offensichtlich weitergehende Pläne: ein Bündnis mit den evangelischen Reichsständen, die Hegemonie über Norddeutschland und vielleicht sogar die Kaiserkrone.

Gustav Adolf begann ohne potente Verbündete einen Präventivkrieg gegen die maritimen Pläne des Kaisers im Ostseeraum, den er als schwedische Hegemonialzone betrachtete. Das nordische Königreich war ein Agrarland mit knapp einer Million Einwohnern und wurde dennoch für einige Zeit zur europäischen Großmacht. Ausgehend von einem Milizsystem, d. h. von militärisch geschulten Untertanen, die nach einem bestimmten Schlüssel aus den Gemeinden rekrutiert wurden, stand Gustav Adolf eine disziplinierte, kampferprobte und erfolgreiche Armee zur Verfügung. Da die Schweden das große Heer nicht unterhalten konnten, musste es der Krieg ernähren. Die von der schwedischen Propaganda verbreiteten Interventionsmotive – Nichtbeteiligung Schwedens am Lübecker Frieden, kaiserliche Waffenhilfe für Polen, Befreiung der deutschen Protestanten von der Tyrannei des Papstes, des Kaisers, der Spanier und der Jesuiten bzw. die Wiederherstellung der deutschen Freiheit – spielten eine eher nachgeordnete Rolle. Die Behauptung, dass der Schwedenkönig nur gekommen sei, um den protestantischen Glauben zu retten, stieß bei fast allen evangelischen Reichsständen und selbst bei schwedischen Politikern auf größte Skepsis.

Der lutherische Kurfürst Johann Georg von Sachsen hatte nach dem Restitutionsedikt seine kaisertreue Politik revidiert und den Schulterschluss mit dem calvinistischen Kurfürsten Georg Wilhelm von Brandenburg gesucht. Beide wollten Kaiser und Schwedenkönig in bewaffneter Neutralität entgegentreten und die Reichsverfassung in ihrer traditionellen Form wiederherstellen. Der Leipziger Konvent evangelischer Reichsstände versuchte 1631, eine dritte Partei zwischen Schweden und Kaiser zu formieren. 40 000 Söldner sollten mit dem Geld, das in Regensburg für die Reichsarmee bewilligt worden war, unterhalten werden und in drei Teilarmeen die evangelischen Interessen in Sachsen, an der Weser und in Oberdeutschland verteidigen. Das Ganze war als Warnung an den Schwedenkönig und an den Kaiser gedacht, doch das protestantische Deutschland war nicht in der Lage, dem Krieg eine Wende zu geben. Ein letzter Ausgleichsversuch scheiterte im August 1631 mit dem Frankfurter «Verständigungskonvent». Als er zusammentrat, diktierten bereits die Schweden das Geschehen in Deutschland: Die katholischen Delegierten mussten vor ihnen aus Frankfurt fliehen.

Militärisch hatte die schwedische Intervention reibungslos funktioniert. In Hinterpommern war ein Brückenkopf gebildet und nach der Kapitulation des kinderlosen Herzogs Bogislaw (1580–1637) konnte ganz Pommern in das eigene Kontributionssystem einbezogen werden. Der Umfang des Heeres wurde schnell verdreifacht. Als die schmale territoriale Basis zum Unterhalt der großen Armee nicht mehr ausreichte, stieß Gustav Adolf nach Mecklenburg und Brandenburg vor. Kurfürst Georg Wilhelm musste sein Militärpotential ausliefern und den Schweden die Festungen Küstrin und Spandau einräumen. Der Bärwalder Vertrag erschloss im Januar 1631 den Schweden jährlich 400 000 Reichstaler französische Subsidien. Unter Wahrung der Neutralität der katholischen Liga sollten alle Bundesgenossen verteidigt, die Sicherheit auf Nord- und Ostsee garantiert und die Restitution der unterdrückten Reichsstände erzwungen werden.

Gustav Adolfs Siegeszug begann im Sommer 1631, als Tilly die Zeichen der Zeit verkannte und das «reiche» Magdeburg stürmen und plündern ließ, weil seine Armee durch den Lieferboykott Wallensteins in einen Versorgungsengpass geraten war. Ein Feuer, dessen Ursache ungeklärt blieb, zerstörte die Stadt – mindestens 20 000 Menschen starben. Magdeburg wurde im evangelischen Deutschland zum Fanal und steht noch heute für die Brutalität dieses Krieges. Während die zeitgenössischen Zeitungen nüchtern von den Vorgängen berichteten, machte die schwedisch-protestantische Propaganda Tillys Soldateska für den Brand verantwortlich, lenkte damit aber auch vom eigenen Versagen ab: Gustav Adolf hatte dem verbündeten Magdeburg die versprochene Hilfe nicht leisten können.

Tilly beging danach den Fehler, Sachsen anzugreifen und so den bisher neutralen Kurfürsten in die Arme der Schweden zu treiben. Am 17. September kam es bei Breitenfeld zur Schlacht. Tillys 31 000 Soldaten standen in der üblichen Formation: massiertes Fußvolk im Zentrum, Kavallerie auf den Flügeln. Die 41 000 Soldaten der vereinigten schwedischen und sächsischen Armee kämpften aufgelockert. Das Fußvolk war mit Reiterei und Musketieren verstärkt worden und wurde von einer dem Gegner überlegenen Artillerie unterstützt. Zudem stand eine zweite Linie in Reserve. Diese auf dem niederländischen Kampfplatz entwickelten taktischen Neuerungen waren auch in Deutschland bekannt, wurden nun aber dem zu selbstsicheren Tilly zum Verhängnis. Das Ligaheer brach zwar tief in die sächsische Front ein, wurde dann aber von den weit gefächert stehenden Schweden umzingelt. Es verlor die gesamte Artillerie, die Kriegskasse, die Hälfte der Reiterei und zwei Drittel der Infanterie. Das katholische Übergewicht im Reich war mit einer Schlacht dahin.

Während die kursächsische Armee nach Böhmen zog und Prag eroberte, von den kaiserlichen Truppen aber am Marsch auf Wien gehindert wurde, wandten sich die Schweden nach Thüringen und besetzten Erfurt. Gustav Adolf verkündete den dortigen Ratsherren und Bürgerdeputierten, dass er gekommen sei, um das «allgemeine evangelische Wesen» und die «politische Freyheit» wieder auf eine feste Basis zu stellen (Langer 1983, 301). Der König suchte gute Winterquartiere, die er in den geistlichen Gebieten an Main und Rhein vermutete. Noch 1631 besetzte er die strategisch wichtigen Städte Würzburg und Mainz. Gustav Adolf hatte binnen eines Jahres halb Deutschland unter seine Kontrolle gebracht, dabei aber 46 Prozent seiner Landungstruppen eingebüßt (Wilson 2009, 483).

2. Deutschland unter schwedischer Hegemonie

Ende des Jahres 1631 kontrollierten die Schweden Nord- und Mitteldeutschland östlich der Weser und standen an Rhein und Main. Die evangelischen Reichsstände hatten die ihnen von Gustav Adolf offerierten Bündnisverträge, die vielfach Unterwerfungscharakter besaßen, akzeptieren und sich zu erheblichen Hilfsleistungen verpflichten müssen. Die auf etwa 80 000 Mann angewachsene schwedische Armee kam leidlich über den Winter.

Während ein Teil der Ligaarmee unter dem Grafen Pappenheim in Nordwestdeutschland operierte, überwinterte Tilly im «neutralen» Bayern. 1632 versuchte er, die schwedischen Besatzer aus Bamberg zu vertreiben. Dies war ein schwerer Fehler, denn damit hob er die Neutralität der Liga und vor allem Bayerns auf. Gustav Adolf zog nach Süden und erkämpfte sich bei Rain den Lechübergang. Tilly wurde tödlich verwundet, die schwedische Armee ergoss sich plündernd über Bayern. Gustav Adolf marschierte in Begleitung des «Winterkönigs» am 17. Mai 1632 in München ein. Wie einst Maximilian die Heidelberger Bibliothek, verkleinerten die Schweden nun die Münchner Kunstsammlungen. Sie waren ohne Gegner, zumal auch die Spanier ihre Stellungen am Mittelrhein räumten, weil sie in den Niederlanden dringend benötigt wurden. Selbst Kurfürst Maximilian forderte die sofortige Aufstellung einer kaiserlichen Armee. Wer, außer Wallenstein, wäre dazu in der Lage gewesen?

Wallenstein war die letzte Hoffnung des Kaisers und der Katholiken, und Ferdinand II. machte ihn zum unumschränkten Oberbefehlshaber. Der Generalissimus ging vorsichtig zu Werke und verschanzte sich mit seinen mehr als 50 000 Soldaten bei Nürnberg, wo er von Gustav Adolf mit 45 000 Mann belagert wurde. Diese Menschenmenge auf engstem Raum, zu der noch der mindestens ebenso große Tross und sicherlich 50 000 Pferde hinzukamen, führte zur hygienischen Katastrophe: Krankheiten und Desertionen dezimierten beide Heere weit mehr als üblich. Die Schweden verloren fast 30 000 Mann, bevor sie nach Süden abzogen. Wallenstein hatte jedoch die gegnerische Hauptarmee gebunden, während seine Generale die Sachsen aus Böhmen und Schlesien vertrieben. Er selbst zog nach Sachsen und eroberte am 1. November Leipzig. Dann entließ er seine Soldaten in die Winterquartiere – zu früh, denn Gustav Adolf griff noch einmal an. Seine ebenfalls geschwächte Armee hatte zuvor in 17 Tagen etwa 650 km zurückgelegt. Am 17. November kam es bei Lützen zu der bis dahin schwersten Schlacht dieses Krieges. Sie dauerte den ganzen Tag. Nach schweren Verlusten und jeweils etwa 6000 Gefallenen zog sich Wallenstein zurück und gab Sachsen verloren. Für die Niederlage machte er Verrat und Feigheit verantwortlich: Zwölf Offiziere und fünf Soldaten wurden hingerichtet, auf 40 Geflohene ein Kopfgeld ausgesetzt.

In dieser Schlacht fiel Gustav II. Adolf. Der tote König wurde noch mehr verklärt als der lebende. Die Publizistik machte ihn zum Streiter für die deutsche Nation und ihre Freiheit. Sie verglich ihn mit Alexander dem Großen oder mit Achilles. Für seine sechsjährige Tochter Christina (1626–1684) übernahm ein Regentschaftsrat unter Leitung des Reichskanzlers Axel Oxenstierna (1583–1654) die Regierung. Er hatte in Rostock, Wittenberg und Jena studiert und kannte die deutschen Verhältnisse. In einer ausführlichen Denkschrift forderte er im Frühjahr 1633 eine dauerhafte schwedische Präsenz in Pommern und Preußen sowie ein Bündnis protestantischer Fürsten unter schwedischer Führung. In Mitteldeutschland sollten einige schwedische Vorposten bestehen bleiben. Das Kurfürstentum Mainz reservierte er für sich selbst: der schwedische Reichskanzler als Nachfolger des deutschen Kurerzkanzlers – Symbol und Programm zugleich.

Oxenstierna fügte «sein» Fürstentum in die Reichsverfassung ein: Er hofierte vor allem die evangelischen Reichsritter am Mittelrhein und in Franken, deren katholische Brüder und Vettern die Pfründen des Kurstiftes bisher unter sich aufgeteilt hatten. Sie bildeten nicht nur die «schwedische» Regierung in Mainz, sondern übernahmen auch große Teile des Besitzes der geflohenen katholischen Stände. Mit Hilfe einer zielstrebigen «Donationspolitik» schuf sich Oxenstierna überdies eine ihm treu ergebene, weil von ihm abhängige Klientel.

Voraussetzung aller Pläne zur künftigen Rolle Schwedens in Deutschland war die intakte Armee. Während sie mit Bernhard von Weimar (1604–1639) und Gustav Horn (1592–1657) eine militärische Doppelspitze erhielt, blieb ihre Finanzierung ungesichert. Die französischen Subsidien flossen 1633 spärlicher. Die schwedische Dominanz in Südwestdeutschland störte das langfristige Konzept Richelieus, der im Westen des Reiches vorsorglich einige Städte und Fürsten in französischen Schutz nahm. Sein wichtigster Verbündeter war Philipp von Sötern (1567–1652), Erzbischof von Trier und Bischof von Speyer, der 1632 ein französisches Bündnisangebot akzeptiert, die Liga für aufgelöst und den Franzosen die Festungen Ehrenbreitstein und Philippsburg überlassen hatte.

Oxenstierna setzte die von Gustav II. Adolf eingeleitete Politik fort: Die evangelischen Stände sollten die schwedische Kriegführung finanzieren. Am 23. April 1633 wurde dazu der nach dem Tagungsort benannte «Heilbronner Bund» gegründet. Er fasste die evangelischen Stände des fränkischen, schwäbischen, oberrheinischen und kurrheinischen Reichskreises unter Oxenstierna zusammen. Bundesziele waren die Wahrung der Reichsgrundgesetze und der deutschen Freiheit sowie ein allgemeiner Frieden unter schwedischem Protektorat.

Mit dem Heilbronner Bund versuchte Oxenstierna, die schwedische Hegemonie der Reichsverfassung zu implementieren. Ob das Bündnis auf Dauer das Reich sprengen oder an dessen Stelle hätte treten sollen, ist eine rein spekulative Frage. Die Realität des Krieges holte den Bund schneller als erwartet ein. Er konnte die 78 000 Soldaten nicht bezahlen. Wegen großer Soldrückstände meuterte im April 1633 die Armee Herzog Bernhards von Weimar: Oxenstierna erlaubte ihr, sich selbst zu helfen. Damit setzte er erneut einen verhängnisvollen Mechanismus in Kraft. Die oft regellosen Plünderungen ruinierten vollends die Zahlungsfähigkeit der Bevölkerung. Dass sich Gustav Adolf kraft Eroberungsrecht und als Nachfolger des Kaisers die «Oberherrlichkeit» über den geistlichen Besitz vorbehalten hatte, nutzte sein Reichskanzler nun, um die Heerführer zufrieden zu stellen. Als Lehen der schwedischen Krone erhielten Marschall

Horn den Besitz des Deutschen Ordens um Mergentheim und Bernhard von Weimar ein aus den Bistümern Würzburg und Bamberg zusammengestelltes fränkisches Herzogtum.

Der Heilbronner Bund verlor jegliche Attraktivität: Der Kaiser lehnte ihn als Verhandlungspartner ab, weil ihn eine auswärtige Macht kontrolliere. Die mächtigen nord- und mitteldeutschen Stände blieben ihm fern. Kurfürst Georg Wilhelm von Brandenburg fürchtete um das ihm durch Erbvertrag zugesicherte Pommern, das die Schweden als Brückenkopf beanspruchten. Als er deswegen zu Beginn des Jahres 1633 mit dem sächsischen Kurfürsten einen Frontenwechsel plante und selbst die kaiserlichen Räte in einem umfangreichen Gutachten zum Frieden rieten, verlangte Ferdinand II. die Anerkennung des Restitutionsedikts und zwang so die beiden führenden protestantischen Mächte, an der Seite Schwedens zu bleiben.

Zu großen Kampfhandlungen kam es 1633 nicht. Der Krieg trat auf der Stelle, zumal die Protestanten – Schweden, Dänen, Niederländer und Reichsstände – nicht an einem Strang zogen, sondern jeweils ihre eigenen Interessen verfolgten. Doch auch Wallenstein machte keine Anstalten, die Pfalz oder Bayern zurückzuerobern. Seine an sich richtige Strategie, die einzige kaiserlich-katholische Armee nicht aufs Spiel zu setzen, war im nach wie vor bedrängten katholischen Deutschland schwer zu vermitteln. Tatsächlich agierte Wallenstein dennoch recht erfolgreich: In Schlesien wurden die schwedischen Kontingente unter dem Grafen Thurn zur Kapitulation gezwungen.

Wallenstein wollte Frieden und ganz im Sinne der kaiserlichen Politik Kursachsen von Schweden trennen. Mit seinem Angebot, das Restitutionsedikt außer Kraft zu setzen, überschritt er allerdings seine Vollmachten. Dies umso mehr, als er auch die Vereinigung der beiden Armeen anregte, um die deutschen Politiker zum Frieden zu zwingen und Schweden und Franzosen aus dem Reich zu vertreiben. War aus dem katholischen, niederadeligen Parteigänger des Kaisers ein deutscher Patriot geworden? Diese These könnte der Wallenstein-Forschung neuen Schwung geben, doch sie übersieht, dass er gleichzeitig Kontakt zu Oxenstierna und zum Herzog von Lothringen suchte. So viel Geheimdiplomatie musste scheitern. Oxenstierna verlangte eine kaiserliche Vollmacht oder die offene Rebellion. Beides blieb aus. Wallensteins Friedenskonzepte, mit Schweden gegen den Kaiser, mit Sachsen und dem Kaiser gegen Schweden, führten ihn ins Desaster. Er zögerte im entscheidenden Augenblick und akzeptierte weder das schwedische Angebot, die Wenzelskrone, noch das spanische: ein Herzogtum Westfriesland. Die Trennung vom Kaiser betrieb er ebenfalls nicht konsequent: Wallenstein war kein deutscher Cromwell.

Jedes in der Wiener Hofgesellschaft begierig aufgeschnappte Gerücht ließ nun jedoch die ihm unterstellte Illoyalität glaubwürdiger erscheinen. Sein extravagantes, oft prahlerisches und zwischen immenser Großzügigkeit und unvorstellbarer Grausamkeit hin und her schwankendes Verhalten machte ihn auch bei seinen Soldaten und Offizieren unpopulär. Als Wallenstein im Januar 1634 seinen Obristen einen Treueeid auf seine Person abverlangte, verdichtete sich in Wien der Verdacht des Verrats praktisch zur Gewissheit.

Wallensteins Ziele sind bis heute rätselhaft geblieben. Er hatte Ferdinand II. kritisiert, wenn dieser aus Haussolidarität die Spanier in Italien oder in den Niederlanden unterstützte. Selbst das Gewissensanliegen des Kaisers, das Restitutionsedikt, stellte er in Frage, weil es den Protestanten jeden Weg zum Ausgleich verbaute. Ferdinand II. benötigte jedoch den genialen Feldherrn und ließ ihn lange gewähren: Politik auf eigene Faust oder gar gegen den Kaiserhof durfte er aber nicht dulden. Wallensteins eigenmächtiger Friedenskurs verletzte «die Autorität des Kaisers und sein Selbstbewußtsein» (Press 1991, 227).

Ferdinands Befehl vom 24. Januar 1634, seinen Feldherrn wegen notorischer Rebellion gefangen zu nehmen, war ein verklausuliertes Todesurteil. Es basierte auf einem Schuldspruch dreier kaiserlicher Räte: Am 18. Februar folgte ein eindeutiges Patent wegen Konspiration. Der heikle Auftrag ließ sich leichter als erwartet in die Tat umsetzen. Wallenstein, die ihm treu gebliebenen Offiziere und seine Leibwache wurden am 25. Februar 1634 in Eger ermordet. Seine Armee blieb ruhig. Wallensteins Macht war eine geliehene, die zusammenbrach, als ihm der Kaiser seine Huld entzog. Der Oberbefehl der Armee fiel an Erzherzog Ferdinand, den Sohn des Kaisers. Letzterer wurde aller Schulden bei seinem Feldherrn ledig und konnte dessen konfiszierte Güter gewinnbringend veräußern. Für die Seelen der Rebellen ließ Ferdinand II. 3000 Messen lesen. In der Kanzlei des Friedländers fanden sich aber keine kompromittierenden Schriften. Der vermutete Hochverrat war nicht zu beweisen. Nicht nur Protestanten beschuldigten die kaiserlichen Generale des hinterhältigen Meuchelmords.

Die Kriegsoperationen begannen 1634 langsam und vorsichtig: Kursächsische Truppen stießen erneut gegen Prag vor, die Schweden nahmen Landshut. Die kaiserliche Armee entsetzte Regensburg und Donauwörth und belagerte das evangelische Nördlingen. Als die Schweden anrückten, hatten die kaiserlichen sich bereits mit 12 000 aus Italien kommenden spanischen Soldaten unter dem Kardinalinfanten Ferdinand (1609–1641) vereinigt. Die zahlenmäßig unterlegenen schwedischen Truppen erlitten in der Schlacht am 6. September 1634 eine vernichtende Niederlage. Sie verloren 8000 Mann, und der Gegner machte 4000 Gefangene, darunter Feldmarschall Gustav Horn. Bernhard von Weimar floh mit den Resten der Armee ins Elsass, wo er sich gegen die kaiserlichen Truppen behauptete. Die schwedische Hegemonie in Oberdeutschland war freilich mit einem Schlag dahin; der Heilbronner Bund löste sich auf.

Während die in die Niederlande abziehenden spanischen Truppen die Durchmarschgebiete verwüsteten, ging das kaiserliche Heer in Württemberg, in Franken und im Fuldischen ins Winterlager. Ferdinand II. schien erneut alle Trümpfe in seiner Hand zu halten, zumal die geschlagenen Schweden mit einem neuen Krieg in Polen rechnen mussten, da der dortige Waffenstillstand 1635 auslief. Während eine Delegation des Heilbronner Bundes den französischen König im November 1634 zum Eingreifen in Deutschland ermutigte, ging Landgraf Wilhelm V. von Hessen-Kassel (1602–1637) einen Schritt weiter: «daß das Haus Oesterreich Teutschland gentzlich subjugiren, die libertet und evangelische religion extirpiren will, so wirdt man extrema an hand nehmen, Franckreich zum römischen König machen müssen» (Parker 1987, 223).

3. Der Prager Frieden und die nationale Rhetorik

Am 24. November 1634 schloss Kurfürst Johann Georg von Sachsen auf Vermittlung Landgraf Georgs II. von Hessen-Darmstadt (1605–1661) einen Vorfrieden mit dem Kaiser: die Pirnaer Noteln. Kursachsen behielt seine Anrechte auf die Lausitzen und auf Magdeburg. Die kaiserliche, die sächsische und die bayerische Armee sollten vereint und gegen die ausländischen Truppen eingesetzt werden. Die Pfälzer Kurwürde fiel endgültig an die bayerischen Wittelsbacher. Für Konfessionsstand und Kirchengut galt der 12. November 1627 als neuer Stichtag – ein Kompromiss, der den Katholiken zwar ihre Rückeroberungen im Süden und Südwesten garantierte, Säkularisationen in Nord- und Mitteldeutschland aber unangetastet ließ. Das Restitutionsedikt wurde für 40 Jahre außer Kraft gesetzt.

Die Pirnaer Noteln waren allerdings nicht identisch mit dem am 30. Mai 1635 in Prag unterzeichneten Frieden. Die reformierten Fürsten und Grafen (Pfalz, Hessen-Kassel, Nassau etc.) blieben auf Wunsch des Kaisers ebenso von der Amnestie ausgeschlossen wie Württemberg und Baden-Durlach. Für Reichsritter und Reichsstädte galt das neue Normaljahr nicht, und die protestantischen Bistumsadministratoren verloren ihre Reichsstandschaft. Neben dem kaiserlichen Oberbefehl über die vereinigten Armeen – «und also aus allen Armaden eine Hauptarmada gemacht werden, die soll heißen und genennt werden: der Röm. Kaiserlichen Majestät und des Heil. Röm. Reiches Kriegsheer» – stärkte das Verbot reichsständischer Bündnisse die kaiserliche Macht. Im Reich deutete alles auf einen Ausbau der monarchischen Elemente hin, zumal mit der Ratifikation des Friedens eine sehr hohe Reichssteuer von 120 Römermonaten bewilligt werden musste.

Der Prager Frieden band alle Reichsstände, sobald ihn die Mehrheit ratifiziert hatte. Damit betrat Kaiser Ferdinand II. verfassungsrechtliches Neuland, um keinen Reichstag einberufen zu müssen. Doch wer hätte sich diesem Friedensdiktat widersetzen können? Die Schweden kontrollierten zwar noch immer Pommern und Teile Mecklenburgs, anders als 1629 waren diesmal jedoch die evangelischen Stände in den Ausgleich eingebunden. Deutschland durfte auf Frieden hoffen.

Ferdinand II. hatte begriffen, dass er mit Maximalpositionen das Reich weder dauerhaft befrieden noch unter seine Kontrolle bringen konnte. Es gab 1635 eine Chance zu gemeinsamem Handeln, doch der militärisch erfolgreiche Kaiser setzte Bedingungen, die Widerstand herausforderten, zumal versäumt wurde, die ausländischen Mächte in die Absprachen einzubinden. Die schwedische Armee stand noch in Deutschland – schon deshalb, weil man ihr keine Entschädigungen für ihren Abzug angeboten hatte. 1635 wäre Oxenstierna wohl zu einem Verzichtfrieden gegen Erstattung eines Teils der Kriegskosten bereit gewesen. Doch diese Chance verstrich ungenutzt.

Fast alle Reichsstände ratifizierten den Frieden in der richtigen Einschätzung, dass sich die neu formierte Armee weniger gegen die Schweden als gegen sich widersetzende Fürsten wenden würde. Für den Kaiser waren damit die wichtigen Dinge entschieden: Die opponierenden Reichsstände waren ausgebootet, als Feinde verblieben die sich in die deutschen Belange einmischenden Ausländer, vor allem die Schweden.

Die These vom «Reichsabsolutismus» (Wandruszka 1955) scheint zwar überspitzt, doch dass solche Gedanken in Wien nicht aktenkundig geworden sind, heißt noch nicht, dass es sie nicht gegeben hat. «Absolutes Dominat» war ein Kampf- und Propagandabegriff. Er durfte deshalb und weil er die um die deutsche Libertät besorgten Reichsstände unnötig provozierte, am Kaiserhof nicht aufgegriffen werden. Zudem dachte 1635 niemand an einen Absolutismus, wie er später in Frankreich oder Preußen Wirklichkeit wurde. Der Begriff diente lediglich als Chiffre für die drohende Machterweiterung eines Kaisers, der die Konsenspflicht der Reichsstände mehr und mehr ignorierte. Die Chancen zu einer Neuordnung der reichischen Machtbalance waren nach 1635 günstig, doch Ferdinand II. und sein Sohn wollten zuviel auf einmal: Sie unterschätzten die Reichsstände, die nicht endgültig besiegt und nicht wie die Böhmen ihre Untertanen waren und dies auch nicht werden wollten.

Man kann allerdings in den kaiserlichen Bestrebungen auch den gescheiterten Versuch sehen, einen deutschen Nationalstaat zu schaffen. Eine auf die preußische Mission zur Nationalstaatsgründung fixierte Geschichtsschreibung hat diese «österreichische» Perspektive stets mit Nachdruck zurückgewiesen. Dass Ferdinand II. einen Reichs-Staat mit einem handlungsfähigen Kaiser an der Spitze etablieren wollte, steht außer Frage, auch wenn der deutsche Nationalstaat 1635 kein Thema war. Ein Ausbau der kaiserlichen Prärogativen und ein dauerhafter Frieden wären jedoch denkbar gewesen, wenn man sich über Religionsfreiheit und Amnestie für alle Reichsstände verständigt und den Schweden einen Rückzug ohne Gesichtsverlust ermöglicht hätte. Auf dieser Basis wären sowohl die «kaiserliche und des Reichs Armee» als auch das Bündnisverbot konsensfähig gewesen. Das traditionelle Reichsverfassungsgefüge wäre dadurch nicht aus den Angeln gehoben und es dem Kaiser dennoch ermöglicht worden, eine stärker zentralisierte Reichsregierung aufzubauen – gestützt auf ein stehendes Heer und reichsständische Loyalitätspflichten. All dies war unterblieben. Der Kampf um den Prager Frieden wurde deshalb zu einer publizistischen Schlacht um die Deutung der deutschen Freiheit. «Während die schwedisch-französische Partei die Verteidigung der ständischen Freiheit, der Reichsgrundgesetze und des Verfassungsgleichgewichts gegen einen machtgierigen Kaiser hervorhob, stellte die Prager Publizistik die Freiheit von Fremdherrschaft in den Mittelpunkt.» (A. Schmidt 2007, 401)

Eine Welle deutschen Patriotismus durchzog unterdessen das Reich: Das «aufrechte teutsche Vertrauen» und das «teutsche geblüt und gemüt» wurden immer wieder bemüht. Die Parole eines nationalen Friedens fand Anklang. Die allgemeine Stimmung und kaiserliche Abmahnungsschreiben sorgten dafür, dass beispielsweise der Druck auf die deutschen Offiziere in der schwedischen Armee zunahm. Einige von ihnen quittierten 1636 tatsächlich ihre Dienste. In den Flugschriften tobte der Meinungskampf: Der Kriegsdienst gegen das eigene Vaterland wurde zwar abgelehnt, weil er die «freyen Teutschen unter das schmehliche joch der Dienstbarkeit» zu bringen drohe (FGF, 5601), doch fand es Michel Moscherosch (1601–1669) wenig verwerflich, dem zu dienen, der die «Gerechtsamen» des Vaterlandes schützen will (A. Schmidt 2007, 399). Die patriotisch-nationale Rhetorik ist Ausdruck einer intellektuellen Grundstimmung, die von angeborenen Pflichten gegenüber dem Vaterland ausgeht und versucht, «deutsch» als überständischen, überterritorialen und überkonfessionellen Wert zu lancieren. Basierend auf der gemeinsamen Schriftsprache beschworen die Gelehrten die staatliche Einheit eines deutschen Reiches, die Nation als Zugehörigkeitsgemeinschaft und das Vaterland als emotionalisierende Größe, ohne damit exakte Abgrenzungen zu verbinden. Sie machten den «teutschen Michel» zum Streiter für die gute Sache: «Ich teutscher Michel, versteh schier nichel. In meinem Vatterland, es ist ein schand» (Harms 1983, 275).

Die nationalen Appelle beeinflussten zwar das Handeln der politischen Akteure – die kursächsische Regierung erließ angesichts der massiven Kritik sogar ein Verbot, über den Prager Frieden zu räsonieren –, doch der Krieg ging weiter. Höchst folgenreich war die Vertreibung des reformierten Landgrafen Wilhelm V. von Hessen-Kassel, dessen Fürstentum kurzfristig an den kaisertreuen Darmstädter Landgrafen fiel. Damit aber wurde ein neuer Konflikt heraufbeschworen, der das letzte Kriegsjahrzehnt prägte und den hessischen Raum verwüstete. Landgraf Wilhelm musste zwar nach Ostfriesland ausweichen, seine Armee blieb jedoch intakt – auch als nach seinem Tode 1637 seine energische Witwe Amalie Elisabeth (1602–1651), eine Enkelin Wilhelms von Oranien, das Regiment übernahm.

Gescheitert ist der Prager Friede im Norden des Reiches, und damit in einem Raum, der in Wien noch immer zu wenig beachtet wurde. Ferdinand II. scheint es letztlich egal gewesen zu sein, was an den Küsten der Ostsee passierte, solange die dortigen Querelen weder auf die Erblande noch auf das oberdeutsche Reich übergriffen. In Wien erwartete man einen Krieg zwischen Schweden und Polen sowie einen Angriff Georg Wilhelms von

Brandenburg auf Pommern, das ihm im Prager Frieden zugesprochen worden war. Kurbrandenburg wäre zum Puffer und Glacis zwischen Schweden und dem von Wien aus dominierten oberdeutschen Reich geworden.

Während der Kaiserhof in den alten Mustern verharrte, zimmerte Kardinal Richelieu eine neue Koalition gegen die Habsburger. Der französische König erklärte im Mai 1635 Philipp IV. von Spanien (1605–1666) den Krieg, weil zuvor spanische Soldaten seinen engsten Verbündeten im Reich, den Trierer Erzbischof, gefangen genommen hatten. Im gleichen Jahr einigte er sich mit den Generalstaaten, um die spanischen Niederlande, und mit Savoyen, Mantua und Parma, um das spanische Mailand zu erobern. Zudem vermittelte Richelieu einen neuen Waffenstillstand zwischen Polen und Schweden. Der krönende Abschluss dieser antihabsburgischen Strategie, die seit 1632 auch das Reich in den Blick genommen hatte, bildete die Übernahme der Armee Herzog Bernhards von Weimar. Der Prager Frieden war schneller gescheitert als selbst seine Kritiker zu hoffen gewagt hatten.

4. Der Krieg beginnt von vorn

Obwohl einige Schritte in die richtige Richtung erfolgt waren, hatte Ferdinand II. mit dem Prager Siegfrieden dort angeknüpft, wo er mit dem Restitutionsedikt gescheitert war. Richelieu erhöhte den Druck, doch der französische Kriegseintritt geriet beinahe zum Fiasko. Das parallele Vorgehen französischer Truppen in den spanischen Niederlanden, im Veltlin und in Oberitalien brachte nicht die erwarteten schnellen Erfolge. Der spanische Gegenschlag konnte 1636 erst 150 Kilometer nordöstlich von Paris gestoppt werden, und dies auch nur, weil der verabredete zweite Vorstoß über die Pyrenäen ausblieb und Frankreich keinen Zweifrontenkrieg im eigenen Land führen musste. Das Veltlin wurde 1635 zwar von französischen Truppen besetzt, doch zwei Jahre später brach ein Aufstand los und gefährdete auch diesen Erfolg. Bernhard von Weimar, der mit französischen Geldern die militärischen Operationen am Oberrhein kontrollierte, musste sich im Herbst 1635 bis nach Lothringen zurückziehen. Sein zweiter Feldzug mündete 1636 in eine ungeordnete Flucht. Die kaiserliche Armee unter Matthias Gallas (1584–1647) hätte beinahe Dijon erobert. Nur das Hochwasser der Saône und der schwedische Sieg bei Wittstock (nordwestlich von Berlin) verhinderten die völlige Katastrophe.

Bernhards militärische Meisterleistungen erfolgten 1638. Im März brachte er Rheinfelden, im Dezember die Festung Breisach in seine Gewalt. Nach seinem Tode 1639 übernahmen französische Generale das Kommando seiner Armee und damit auch in Breisach. Während Georg Rodolph Weckherlin (1584–1653) ihn als Held besang – «du bist die blum, der ruhm der teutschen nation» –, urteilte die Nachwelt kritischer. An Bernhard von Weimar schieden sich fortan die Geister: deutscher Kriegsheld oder Verräter im Dienst des «Erbfeinds»? Mit seiner Armee band er die kaiserlichen Regimenter am Rhein, so dass Schweden und die evangelischen Reichsstände eine Atempause erhielten, um ihre Truppen zu reorganisieren. Der im März 1636 zwischen Schweden und Frankreich geschlossene Subsidien- und Beistandsvertrag, den Oxenstierna wegen seiner Hoffnungen auf einen Separatfrieden allerdings nicht ratifizieren ließ, wurde zur Basis des Wiederaufstiegs der schwedischen Macht im Reich. Wichtigste Kriegsziele waren nun, dass Kaiser und Reichsstände den ausstehenden Sold der schwedischen Soldaten garantieren und das Reich zur deutschen Freiheit zurückkehren sollte. Nur im Rahmen der alten Reichsverfassung konnte Schweden weite Teile Norddeutschlands dominieren, ohne sie annektieren und damit Revisionsabsichten fürchten zu müssen. Das nicht expansive Reich stellte keine Gebietsansprüche an seine Nachbarn und passte sich jeder Verschiebung im Mächtesystem an. Es wirkte als überdimensionaler Puffer zwischen den Staaten und Mächten: Jeder suchte und fand hier Verbündete. Der komplementäre Reichs-Staat und die vormoderne europäische Friedensordnung bedingten einander.

Sieht man von so zweifelhaften Werten wie «nationale Ehre» und «machtpolitischer Behauptungswille» ab, wird es schwer, die Nachteile der politischen Ordnung in Deutschland zu benennen. Die Menschen lebten im Reich mit den Grenzen und Gesetzmäßigkeiten der komplementären Staatlichkeit nicht schlechter als in Frankreich oder England: Ihre Freiräume waren größer, die Steuern niedriger, die Zahl der Aufstände geringer und selbst die Außenverteidigung funktionierte leidlich.

1636 begann der Krieg praktisch von vorn – von Frankreich und Schweden geführt, um einen monarchisch regierenden Kaiser zu verhindern. Die Schweden setzten alles daran, ihre auf Pommern und Mecklenburg zusammengeschmolzene Basis auszubauen. Nur in der Bewegung ließ sich der Krieg durch den Krieg ernähren. Da nun mit Frankreich ein zweiter Protektor der schwedischen Klientel auf den Plan trat, gerieten die konfessionellen Fronten durcheinander, zumal Richelieu versuchte, Kurfürst Maximilian aus der Koalition mit den Habsburgern herauszubrechen.

Am 4. Oktober 1636 schlugen die Schweden, die in Deutschland noch immer über etwa 45 000 Soldaten verfügten, in einer der wichtigsten Schlachten dieses Krieges überhaupt die vereinigte kaiserlich-sächsische Armee bei Wittstock. Kurbrandenburg geriet erneut unter schwedische Kontrolle, der Kurfürst floh nach Königsberg. Die schwedische Offensive blieb jedoch im folgenden Jahr vor Leipzig stecken: General Johann Banér (1596–1641) zog sich wieder nach Pommern zurück.

Der Krieg trat auf der Stelle. Militärische Operationen wurden seltener. Deutschland war völlig erschöpft. Eine englische Delegation, die 1636 zum Regensburger Kurfürstentag reiste, berichtete von unvorstellbaren Verwüstungen. Zwischen Mainz und Frankfurt sei das Land menschenleer, ein Dorf binnen zwei Jahren 18-mal geplündert worden. Man lagere in Trümmerfeldern, weil weit und breit kein Mensch mehr lebe (Parker 1987, 248 f.). Diese individuellen Erfahrungen werden von vielen Schadenslisten bestätigt. Die kaiserliche Armee, die 1635 durch das Gebiet des verbündeten Landgrafen von Hessen-Darmstadt zog, sorgte dort für einen Verlust von 30 000 Pferden, 100 000 Kühen und 600 000 Schafen (Parker 1987, 249 f.). Das zwischen 1634 und 1638 von kaiserlichen Truppen heimgesuchte Württemberg verlor in dieser Zeit mehr als drei Viertel seiner Bevölkerung (von Hippel 1978). Die Verwüstung weiter Teile Deutschlands begann erst 1635, als der Krieg alle geregelten Bahnen verließ.

Im März 1638 kam wieder etwas Ordnung in die Fronten. Der Hamburger Vertrag verpflichtete Schweden und Frankreich nicht nur zum Krieg gegen den Kaiser, sondern auch dazu, binnen dreier Jahre keinen Separatfrieden einzugehen. Frankreich sollte durch Süddeutschland in die Erblande vorstoßen, die Schweden den Weg über Brandenburg und Sachsen nehmen. Weitere 14 000 schwedische Soldaten kamen nach Deutschland. Es begann eine gewaltige Offensive. Im April 1639 wurde bei Chemnitz das kaiserlich-sächsische Heer besiegt und Sachsen erobert; 1640 operierten schwedische und französische Truppen erstmals gemeinsam und stießen im Januar 1641 bis Regensburg vor. Sie konnten zwar den dort tagenden Reichstag nicht sprengen, deuteten jedoch an, dass selbst eine Eroberung Wiens wieder möglich geworden war.

Um die Jahreswende 1640/41 war vom Prager Frieden ebenso wenig übrig geblieben wie von den Friedensinitiativen Papst Urbans VIII. (1568–1644) oder denjenigen des Hamburger Kongresses von 1638. Richelieu hatte sich verpflichtet, vor der Pfälzer Restitution keinen Frieden zu schließen. Dabei hatte der Tod des Kaisers Friedenshoffnungen geweckt, weil sein Sohn und Nachfolger Ferdinand III. auf einen Ausgleich drängte. Der neue Kaiser, 1625 zum ungarischen und 1627 zum böhmischen König gekrönt und seit der Ermordung Wallensteins auch Oberbefehlshaber der kaiserlichen Armee, galt bei seinem Regierungsantritt als erfahrener und berechenbarer Herrscher. Persönlich ebenso fromm wie sein Vater, war er doch weniger von den Jesuiten abhängig. Dies eröffnete ihm größere Spielräume – gerade im Hinblick auf eine politische Lösung der konfessionellen Konflikte. Doch auch Ferdinand III. vertrat die Interessen der alten Kirche, ohne den Prager Frieden retten zu können. Im Gegensatz zu seinem Vater bemühte er sich jedoch um einen reichsständischen Konsens.

Mit der Einberufung des Regensburger Reichstags setzte Ferdinand III. 1640 ein richtungweisendes Signal auf dem langen

Weg zum Frieden. Der Kaiser wollte das militärische Patt politisch überwinden, doch mit der Reichsversammlung gab er auch der ständischen Opposition ihr Artikulationsforum zurück: Die deutsche Freiheit verdrängte in den nun beinahe permanent tagenden reichsständischen Versammlungen das «monarchische System». Die Koalition aus Schweden, Frankreich und den nicht amnestierten Reichsständen lehnte hier alle Vorschläge ab, die nicht die Restitution der Kurpfalz, Hessen-Kassels, Braunschweig-Lüneburgs und der anderen reformierten Stände sowie Kriegsentschädigungen für die ausländischen Mächte vorsahen. Da diese Koalition das Kriegsgeschehen in Deutschland bestimmte, konnten Kaiser und Reichsstände 1641 über den endgültigen Reichsfrieden noch weniger als 1635 befinden. Der Reichsabschied wies aber in die richtige Richtung: Trotz des päpstlichen Protestes sollten alle Kirchengüter im Besitz evangelischer Fürsten bleiben, sofern sie am 1. Januar 1627 in deren Verfügungsgewalt gewesen waren. Zudem wurde über die Neueinrichtung einer achten Kur und die Reichsstandschaft aller Bistumsadministratoren nachgedacht: Der Prager Frieden und das Restitutionsedikt standen zur Disposition.

Schon durch den Tod Georg Wilhelms von Brandenburg war Ende des Jahres 1640 die Bündnispolitik in Bewegung geraten: Sein Nachfolger Friedrich Wilhelm (1620–1688), der Große Kurfürst, suchte einen Ausgleich mit Schweden, das die brandenburgischen Kernlande, aber auch Kleve und Mark kontrollierte. Als im Juni 1641 der Krieg zwischen Schweden und Kurbrandenburg endete, verlor das längst durchlöcherte System des Prager Friedens im Nordosten mehr als nur einen Eckpfeiler.

Der Vorstoß der antikaiserlichen Koalition auf Wien endete im Mai 1641 mit dem Tod des schwedischen Feldherrn Banér, der eine Meuterei auslöste. Die Soldaten hatten ihm vertraut, und sie hatten ihm zugetraut, ihre riesigen Soldrückstände einzutreiben. Der neue schwedische Oberbefehlshaber Lennart Torstensson (1603–1651) musste sich ihr Vertrauen erst verdienen. Die Meuterei brachte aber nicht nur dem Kaiser eine Atempause, sondern sorgte auch dafür, dass Schweden den mit Frankreich geschlossenen Vertrag verlängerte: Französische Subsidien benötigte man nun dringender denn je. Als Gegenleistung erklärten sich die Schweden bereit, bis zu einem allgemeinen Frieden in Deutschland an der Seite Frankreichs zu kämpfen. Politisch wollten sie jede Lösung blockieren, die das Reich nicht zu den verfassungsrechtlichen Verhältnissen vor 1618 zurückführte. Diesen Vorgaben ließ Torstensson Taten folgen. 1642 schlugen seine Truppen die sächsische Armee und stießen bis Schlesien und Mähren vor. Im Juni nahm er Olmütz – erneut war Wien unmittelbar bedroht. Doch Torstensson zog nach Sachsen, um Leipzig zu belagern. Als sich ihm die kaiserliche Armee unter Erzherzog Leopold Wilhelm in den Weg stellte, erkämpfte er im November 1642 bei Breitenfeld einen noch glanzvolleren Sieg als König Gustav Adolf elf Jahre zuvor. Die Schweden verloren 4000, die Kaiserlichen 8000 Mann, davon gerieten 5000 in Gefangenschaft. Zudem büßten sie 46 Kanonen und größere Geldvorräte ein (Wilson 2009, 638). Leipzig kapitulierte und blieb bis 1650 von schwedischen Truppen besetzt.

Die kaiserliche Armee hatte viel von ihrer früheren Schlagkraft eingebüßt. Die strategischen und logistischen Fähigkeiten eines Wallenstein wurden schmerzlich vermisst, zumal immer weniger von Madrid finanzierte Soldaten auf dem deutschen Kriegsschauplatz erschienen. Philipp IV. hatte seine Wiener Vettern mit 500 000 Talern jährlich unterstützt, Garnisonen in der Pfalz und in der Wetterau unterhalten und die Hauptmacht des französischen Heeres in Oberitalien sowie in den Grenzregionen zu den Niederlanden gebunden. Nun aber setzten die Generalstaaten Spanien auch auf den Weltmeeren und in Südamerika kräftig unter Druck, vernichteten zwei Flottenverbände und konnten die Schlüsselfestung Breda in Brabant zurückerobern. In Katalonien und in Portugal brachen 1640 Aufstände aus.

Die Schwierigkeiten der Spanier, ihre Kriegsführung im bisherigen Umfang fortzusetzen, korrespondierten mit ähnlichen Problemen in Frankreich. Um 1640 erschütterten schwere Unruhen das Land, weil die Steuerlast zu groß war. Die Opposition gegen Richelieus Interventionspolitik nahm auch im Hochadel und am Hofe zu. Der Kardinal starb Ende des Jahres 1642, König Ludwig XIII. 1643. Anna von Habsburg (1601–1666), die Schwester Philipps IV. und Schwägerin Ferdinands III., wurde zur Regentin. Entgegen den überzogenen Erwartungen in Wien und Madrid folgte sie in außenpolitischen Fragen ihrem ersten Minister Jules Mazarin (1602–1661), der einen Keil zwischen die beiden Zweige der Habsburger treiben wollte, und versuchte erst gar nicht, einen prinzipiellen Richtungswechsel herbeizuführen.

In England herrschte seit 1642 Bürgerkrieg, der das Land auf Jahre hinaus blockierte. In Schweden war der ferne Krieg wegen der enormen Steuerlasten und des Konskriptionssystems, das ganze Landstriche der männlichen Bevölkerung beraubte, überaus unpopulär. Der Bruder des schwedischen Reichskanzlers notierte, «daß wir die Länder anderer erobert und darüber unser eigenes ruiniert haben» (Parker 1987, 258). Selbst in der niederländischen Republik wurden die spanischen Niederlande zunehmend weniger als eine Bedrohung denn als willkommener Puffer gegenüber Frankreich wahrgenommen. Dieser «europäische Umschwung» verengte den Spielraum der deutschen Stände. Maximilian von Bayern scheiterte 1640 mit seinem Versuch des Bündniswechsels, Richelieu war das protestantische Schweden wichtiger. Der Kurfürst von Bayern blieb an die Habsburger gekettet.

V. Durch Krieg zum Frieden?
Um «deutsche Libertät» und Entschädigungen
(1643–1648)

Die letzte Phase des Krieges war militärischer Kampf um Positionsvorteile und diplomatisches Ringen um eine neue Friedensordnung. Ferdinand III. wollte seine Majestätsrechte behaupten, über möglichst viele Prärogativen verfügen und vom Restitutionsedikt retten, was zu retten war. Dagegen strebten die Interventionsmächte und die evangelischen Stände eine Rückkehr zum verfassungsrechtlichen Vorkriegszustand an. Die expansive kaiserliche Politik hatte gezeigt, dass Deutschland ohne breite Zustimmung der Reichsstände nicht zu befrieden war. Bei den scheinbar unübersichtlichen Friedensverhandlungen, die in Osnabrück nichts anderes als ein deutscher Verfassungskongress waren, gab es eine klare Alternative: Rekatholisierung und kaiserliches Dominat oder Religionsparität und deutsche Freiheit. Besaß das monarchische System Entwicklungspotential zu einem deutschen Einheitsstaat, stand das im Westfälischen Frieden modifizierte traditionelle Verfassungsmodell «Kaiser und Reich» für föderative Strukturen. Propagiert wurde es auch von Bogislaw Philipp von Chemnitz (1605–1678), der unter dem Pseudonym Hippolithus a Lapide und im Auftrag der Schweden die Staatsräson des Reiches an die Bewahrung seiner Verfassung knüpfte. Er forderte, die Habsburger aus dem Reich zu verbannen, um dem kaiserlichen Despotismus zu entgehen und ein stabiles Verfassungsgleichgewicht zu etablieren. Nicht der den Reichsgrundgesetzen unterworfene Kaiser, sondern die auf dem Reichstag versammelten Stände stünden über dem positiven Recht: Sie seien der Reichsgesetzgeber.

I. Unübersichtliche Fronten

Der zweite schwedische Siegeszug in den 1640er Jahren und die späten französischen Erfolge über die bayerische Armee hingen mit dem rapiden Niedergang der spanischen Macht eng zusammen. Die Unabhängigkeitsbewegungen in Katalonien und Portugal sowie die Übergriffe der Niederländer auch in Südamerika banden viele Kräfte. Der spanische Atlantikhandel brach zusammen. 1643 besiegte Frankreich die Spanier bei Rocroi (Mosel), und in den südlichen Niederlanden gingen die Festungen Arras, Gravelingen und Dünkirchen verloren. Die spanischen Nachschublinien wurden unsicher: Den Landweg aus Norditalien blockierten die Franzosen, den Ärmelkanal die Niederländer.

Im Herbst 1643 gerieten auch die Schweden unter Druck. Geheimverhandlungen des Kaisers mit dem dänischen König führten zu einer antischwedischen Koalition. Ferdinands III. Plan ging jedoch nicht auf. Zwar musste Torstensson einen Präventivschlag gegen Dänemark führen, doch dies brachte den Erblanden kaum Entlastung, weil Georg Rákóczi, der Fürst von Siebenbürgen, Anfang 1644 in Ungarn einfiel. Der Kaiser musste seine in Norddeutschland operierende Armee zurückbeordern. Der Marsch nach Süden wurde für sie jedoch zum Desaster. Torstensson erwies sich im Manövrieren, im Kampf um gute Stellungen und Quartiere, seinem kaiserlichen Gegenüber Gallas derart überlegen, dass dessen Truppen fast vollständig aufgerieben wurden. Der Frieden von Brömsebro sah 1645 Schweden als eindeutigen Sieger über Dänemark.

Im Frühjahr standen die Schweden wiederum in Böhmen, während französische Truppen die bayerische Armee blockierten. Zwar hatte der bayerische Feldherr Franz von Mercy (1590–1645) im November 1643 die Franzosen bei Tuttlingen schwer geschlagen, konnte sie aber nicht aus Süddeutschland verdrängen. Am 3. August 1645 verlor Mercy bei Alerheim ebenso überraschend wie vernichtend. Er selbst fiel, und Kurfürst Maximilian suchte einen Separatfrieden, nachdem die Franzosen auch noch Nördlingen und Dinkelsbühl erobert hatten.

Das schwedische Heer hatte unterdessen am 5. März bei Jankau, südöstlich von Prag, die kaiserliche Armee ein weiteres Mal schwer besiegt. Torstensson bildete danach bei Krems einen Brückenkopf und schnitt Wien vom Reich ab. Kursachsen schloss daraufhin am 6. September 1645 in Kötzschenbroda einen Separatfrieden mit Schweden. Als alles auf einen schwedischen Triumph hindeutete, änderte sich die Lage erneut: Die Türken begannen einen Krieg mit Venedig um Kreta und stellten ihre Hilfen für den Fürsten von Siebenbürgen ein. Rákóczi schloss daraufhin den Wiener Frieden, und Ferdinand III. garantierte die ständischen Rechte und die religiösen Freiheiten Ungarns. Konnte dieser Friedensvertrag ein Vorbild für das Reich sein?

Der Kaiser bekam seine Truppen in Ungarn frei, an eine Belagerung Wiens war für Torstensson nicht mehr zu denken. Auch die Schweden konnten die Friedensbedingungen nicht einfach diktieren. Der mobiler und schneller gewordene, deswegen unübersichtlicher erscheinende Krieg hatte sich in einer Art Patt festgefahren. Er wurde zum Druckmittel der Diplomaten; die Friedensverhandlungen begannen zäh und schleppend.

Da der Regensburger Reichsabschied viele Fragen offengelassen hatte und vor allem keine Einigung über die Neugestaltung des Justizwesens erzielt worden war, berieten reichsständische Vertreter auf einem Deputationstag in Frankfurt 1643 die «deutschen» Fragen. Kaiserliche, schwedische und französische Gesandte, die dänischen Vermittler und andere ausländische Diplomaten versuchten unterdessen in Münster und Osnabrück, einen allgemeinen Frieden auszuhandeln. Im Hamburger Präliminarvertrag hatten sich 1641 Schweden und Franzosen mit dem Kaiser auf diese beiden Verhandlungsorte verständigt, sie zur entmilitarisierten Zone erklärt und allen Delegationen freies Geleit zugesichert. Franzosen, Schweden und ihre jeweiligen Verbündeten sollten getrennt mit den kaiserlichen Vertretern verhandeln, um konfessionelle und andere Komplikationen gering zu halten. Am Ende waren alle europäischen Mächte mit Ausnahme der Türken und Russen sowie des vom Bürgerkrieg gelähmten England vertreten.

Die Reichsstände blieben anfangs ausgeschlossen, weil der Kaiser auf seinem Alleinvertretungsanspruch für das Reich und auf seiner Auffassung beharrte, dass der Prager Frieden weiter gelte. Doch dieser Anspruch korrespondierte weder mit der Kriegssituation noch mit dem Reichsherkommen und bestätigte nur die protestantischen Fürsten in ihrer Meinung, der Kaiser wolle sie überspielen und das Reichsverfassungsgefüge zu seinen Gunsten verschieben. Dagegen erklärte der schwedische Gesandte Johann Adler Salvius (1590–1652): «Solches ist der rechte Weg zum absoluten Dominat und der Stände Servitut. Die Kronen werden solches pro posse hindern. Ihre Sekurität besteht in der deutschen Stände Libertät» (Dickmann 1972, 115).

Bei den Diskussionen um die Zulassung aller Reichsstände zum Friedenskongress profilierte sich erstmals der junge Kurfürst Friedrich Wilhelm von Brandenburg als potentieller Führer des protestantischen Deutschland. Daneben heizte die Landgräfin Amalie Elisabeth von Hessen-Kassel die Konfrontation an. Sie wandte sich entschieden gegen neue kaiserliche Vorrechte und überzeugte Franzosen und Schweden, für die deutsche Freiheit einzutreten und alle Reichsstände nach Münster und Osnabrück einzuladen. Ende des Jahres 1644 erschienen dort die ersten reichsständischen Gesandtschaften. Der Kaiser hatte ein weiteres Vorgefecht verloren und musste am 29. August 1645 – nach Jankau und Alerheim – allen Reichsständen das *ius belli ac pacis* zugestehen, das Recht, Kriege zu erklären und Frieden zu schließen. Noch im gleichen Jahr wurden die bisher vom Prager Frieden ausgeschlossenen Stände amnestiert. Die Friedensverhandlungen wurden zum Reichsverfassungskongress.

2. Die Friedensverhandlungen

Abschluss und Höhepunkt des Umdenkens am Kaiserhof markierte die Geheiminstruktion für den Prinzipalgesandten Graf Maximilian Trautmannsdorff (1584–1650), der Ende des Jahres 1645 in Münster eintraf. Er sollte um nahezu jeden Preis Frieden schließen und dafür sorgen, dass sich «die stende des reichs allß glider mit mir allß dem haubt und vater ihnen selbsten vereiniget, die disconcertirte harmonia imperii wider zusammen gestimmet» (Roeck 1996, 376). Der versierte Diplomat setzte auf die gemeinsamen Interessen von Kaiser und Reichsständen gegen die fremden Kronen. Er besaß Vollmachten zu größeren territorialen und konfessionellen Zugeständnissen und wurde zur alles beherrschenden Gestalt des Kongresses, weil er es wie kein anderer verstand, an das Zusammengehörigkeitsgefühl der Reichsstände zu appellieren, um Frankreich und Schweden gegeneinander auszuspielen.

Frankreich wollte keinen Frieden in Deutschland und keinen in den Niederlanden, bevor es Spanien besiegt hatte. Auch Spanien wollte den Krieg mit Frankreich fortsetzen, während es erste Friedensfühler zu den Generalstaaten ausstreckte. Jeder hoffte, dass ihm das Kriegsglück eine günstigere Verhandlungsposition bescherte. Es wurde sondiert, laviert, taktiert, temporisiert, spioniert und bankettiert. In barocker Repräsentationssucht übertrafen sich Staaten und Stände: Die Kosten des Kongresses werden auf ca. 3,2 Millionen Reichstaler geschätzt.

Die vielen in- und ausländischen Delegationen, die sich oft nur zeitweise an einem der beiden Orte aufhielten und einen Kaiser, mehrere Könige, viele Fürsten, Grafen, Republiken und Städte vertraten, machten das Kongressgeschehen unübersichtlich. Zunächst mussten die langwierigen Streitereien um Titel, Anreden und Präzedenzen geregelt werden. Hier wurden richtungweisende Lösungen gefunden: Alle Könige wurden als Majestäten, ihre Gesandten und diejenigen der Kurfürsten als Exzellenzen angesprochen: Souveräne Staaten sollten unabhängig von ihrer Macht und ihrer Regierungsform gleichberechtigt verhandeln. Eher beiläufig entstand so auf der Grundlage des ebenfalls noch unausgereiften Völkerrechts ein diplomatisches Regelwerk, das den ständigen Umgang der verschiedenen Mächte ermöglichte und zugleich die neuen souveränen Staaten wie die Republik der Niederlande oder das Königreich Portugal integrierte. Das in Münster und Osnabrück neu geschaffene staatliche Ordnungssystem wies in die Richtung von Gleichrangigkeit und Souveränität. Es drängte den Gedanken einer Universalmonarchie als Basis eines europäischen Friedenssystems in den Hintergrund. Im diplomatischen Verkehr behauptete der Kaiser zwar einen Ehrenvorrang, das Heilige Römische Reich deutscher Nation wurde jedoch zu einer Art Titel für den Reichs-Staat.

Für den erfolgreichen Verlauf des Friedenskongresses war entscheidend, dass die deutschen Dinge zuerst verhandelt wurden. Um die Ausgestaltung der künftigen Machtbalance in Deutschland wurde erbittert gerungen. Es galt, die strittigen Fragen in das Verfassungsgefüge so einzupassen, dass

- der Kaiser kein absolutes Dominat gewinnen konnte,
- die Religionsproblematik dauerhaft entschärft wurde,
- die Autonomie der Stände nicht die Reichseinheit zerstörte
- und die kleinen vor den Annexionsplänen der mächtigen Reichsstände sicher waren.

An der Spitze der reichsständischen Gesandtschaften standen erfahrene Juristen. Trautmannsdorffs Ärger, die deutschen Fürsten hätten «einen Haufen praeceptores und Schulmeister geschickt [...], die nichts denn Verwirrung machten» (Dickmann 1972, 195), ist vielleicht verständlich, in der Sache jedoch überzogen. Der oft langwierige und kleinliche Streit um Begriffe und Formulierungen war notwendig, um einen für alle akzeptablen Kompromiss zu finden. Nur so ließen sich die ehrwürdigen Traditionen des Reichsverbandes wenigstens punktuell mit den Erfordernissen moderner Staatlichkeit harmonisieren, ohne den Charakter des Reiches als Rechts- und Sicherheitsverbund anzutasten.

Seit Beginn des 17. Jahrhunderts hatte sich eine neue Wissenschaftsdisziplin etabliert, das deutsche öffentliche Recht. Den Reichspublizisten ging es nicht nur um den Beweis einer deutschen Ausrichtung des Reiches, sondern ebenso um die Ausgestaltung der Reichsverfassung. Bei aller Kritik an ihren Kompilationen darf nicht vergessen werden, dass sie es waren, die über 1648 hinaus den Zusammenhalt in Deutschland bewahren halfen bzw. die Einheit mit ihren Ableitungen vielfach erst konstruierten. Ihre «rechtsstaatlichen» Tendenzen wirkten identitätsbildend. Reichskammergericht und Reichshofrat erfreuten sich einer ungebrochenen Attraktivität. Sie garantierten die «verrechtlichte» Konfliktaustragung, und sie schützten die Mindermächtigen vor den Mächtigen.

Allein am Reichskammergericht haben insgesamt etwa 80 000 Institutionen und Personen Recht gesucht. Sie scheuten weder die immensen Kosten noch die lange Prozessdauer. Auch wenn das Gericht im 17. und 18. Jahrhundert gegenüber dem Reichshofrat etwas zurückfiel, blieb es ein wichtiger Bezugspunkt des Einheitsgedankens. Der zuvor am Reich wenig interessierte Adel Nord- und Nordostdeutschlands prozessierte zur Wahrung seiner Rechte immer häufiger in Wetzlar. Das Rechtsverfahren hatte nicht nur die Fehde in Vergessenheit geraten lassen, sondern erwies sich auch als Integrationsangebot für die Gebiete, die erst seit dem 17. Jahrhundert zum Reichs-Staat gehörten. Das ständisch geprägte Reichskammergericht stand für eine Reichsidentität, die nicht allein den Kaiser im Mittelpunkt sah. Insofern ergänzten sich der kaisernahe Reichshofrat und das eher die protestantischen Regionen ansprechende Reichskammergericht. Beide haben geholfen, eine Rechtskultur im frühneuzeitlichen Deutschland durchzusetzen, die den Untertanen zumindest die Hoffnung auf eine Korrektur obrigkeitlicher Willkür oder Ungerechtigkeit beließ. Das Vertrauen auf den Rechtsweg entsprach den konkreten Konflikterfahrungen im Alten Reich und hat stabilisierend gewirkt.

Wie die protestantischen Reichsstände wollten auch die auswärtigen Kronen eine Ordnung für Deutschland festschreiben, die eine Umgestaltung des Reiches im monarchischen Sinne blockierte. Das Gefüge komplementärer Staatlichkeit entsprach ihren Vorstellungen besser als ein deutscher Zentralstaat. Zudem stabilisierte ein Mehrebenensystem, das die territoriale Integrität seiner Nachbarn nicht bedrohte, die europäische Friedensordnung.

Obwohl weniger katholische als evangelische Gesandte auf dem Kongress akkreditiert waren, dominierten erstere lange das Geschehen, ohne dass ein einheitliches kaiserlich-katholisches Lager entstanden wäre. Die Gesandten des Kurfürsten von Trier opponierten mit französischer Rückendeckung gegen fast alle

Vorstellungen der Habsburger. Zudem konkurrierten der bayerische Kurfürst und der katholische Herzog von Pfalz-Neuburg, der engste Verwandte des «Winterkönigs», um den Besitz der Oberpfalz.

Die evangelischen Stände hatten sich dagegen im Frühjahr 1646 verständigt, bei konfessionellen Fragen andere Streitigkeiten hintanzustellen. Dies ist umso erstaunlicher, als parallel hierzu der «Hessenkrieg» zwischen dem lutherischen Georg II. von Hessen-Darmstadt und der reformierten Amalie Elisabeth tobte. Erst auf ein Ultimatum des Friedenskongresses vom 14. April 1648 hin wurden die Kampfhandlungen eingestellt. Die streitbare Landgräfin erreichte aber, dass sie nicht nur einen Teil Oberhessens um Marburg, sondern auch noch eine Entschädigung zur Abfindung ihrer Truppen erhielt.

Die schwedische Armee war nach ihrem großen Sieg bei Jankau 1645 wiederum bis vor Wien vorgestoßen, hatte sich dann aber hinter die Weser zurückziehen müssen. Karl Gustav Wrangel (1613–1676), Nachfolger des gichtkranken Torstensson, drängte im Frühjahr 1646 die nach Nordhessen vorgestoßene kaiserliche Armee nach Böhmen zurück. Seine Soldaten verwüsteten anschließend zusammen mit französischen Truppen Bayern bis zur Isar. Kurfürst Maximilian musste im Frühjahr 1647 den Ulmer Waffenstillstand schließen, der ihn vom Kaiser trennte und zur Neutralität verpflichtete. Im September verbündete er sich jedoch erneut mit Ferdinand III., weil er auf dem Friedenskongress die Kurpfalz zu verlieren drohte und Frankreich ihn nicht unterstützte. Am 17. Mai 1648 kam es bei Zusmarshausen, in der Nähe von Augsburg, zur letzten Entscheidungsschlacht dieses Krieges: Die schwedisch-französische Hauptarmee besiegte die kaiserlich-bayerische Streitmacht. Ein weiteres schwedisches Heer unter Hans Christoffer von Königsmarck (1600–1663) drang zwischenzeitlich wieder einmal in Böhmen ein und besetzte am 26. Juli 1648 die Prager Kleinseite, konnte die Stadt selbst aber vor der Verkündung des Friedens nicht mehr erobern.

Für die Soldaten war der Krieg mit dem Westfälischen Frieden noch nicht zu Ende, obwohl alle Kampfhandlungen eingestellt wurden. Bis die Entschädigungen für die schwedische, die kaiserliche, die bayerische und die hessische Armee endgültig ausgehandelt und bis die Soldaten wirklich demobilisiert waren, vergingen noch einmal zwei Jahre oft kleinlicher Streitereien auf dem Nürnberger Exekutionstag. Im Herbst 1650 wurden die schwedischen Truppen abgedankt, die französischen abgezogen und die kaiserlichen großenteils von Spanien angeworben.

3. Der Westfälische Frieden

Der Dreißigjährige Krieg hatte keines der anstehenden europäischen Probleme gelöst, so dass der Westfälische Frieden kein europäischer Frieden werden konnte. Europa erhielt hier keine Staatenordnung, «die von der prinzipiellen Rechtsgleichheit ihrer Mitglieder ausging», und Münster und Osnabrück haben als «lieux de mémoire» zwar die deutsche, nie aber die ohnehin fiktive «Erinnerungskultur der Europäer» bereichert (anders: Schilling 1998, 20). Der in Osnabrück vereinbarte Teil des Friedens erlangte jedoch den Status eines deutschen Reichsgrundgesetzes – einer Verfassungsordnung, die weit länger Bestand hatte als alle ihr bisher nachfolgenden. Art. 17 § 2 des Vertrags charakterisiert ihn als *perpetua lex et pragmatica imperii sanctio,* als «ein dauerndes Verfassungsgesetz des Reiches». Es entsprang einer vertragsmäßigen Übereinkunft des Kaisers mit den deutschen Ständen unter Assistenz der schwedischen und der französischen Krone. Der Friedensvertrag regelte wie die Goldene Bulle oder der Ewige Landfrieden die politische Ordnung des Reiches, und er bestimmte den Kaiser sowie die Könige von Frankreich und Schweden als Garantiemächte.

Die Friedensbedingungen waren für die Protestanten günstig: Das reformierte Bekenntnis (Calvinismus) erhielt den Status einer dritten Reichskonfession. Die ihm anhängenden Stände wurden restituiert. Auf Vorschlag Kursachsens wurde der 1. Januar 1624 zum neuen Stichtag für den konfessionellen Besitzstand – ein Datum nach dem Sieg des Kaisers im böhmisch-pfälzischen Krieg, aber noch vor dem Übergreifen der kaiserlich-katholischen Kräfte auf Norddeutschland. Das *ius reformandi* der Reichsstände blieb zwar wie der Augsburger Religionsfrieden unangetastet, verlor aber durch die Festlegung einer Landeskonfession seine dramatischen Konsequenzen: Die Landesherren durften ihr Bekenntnis den Untertanen nicht mehr aufzwingen. Dies galt nicht für die habsburgischen Erblande, wo das *ius reformandi* den Habsburgern die Gegenreformation ermöglichte, und nicht für die Kurpfalz, für die 1618 als Normaljahr fixiert wurde, damit Kurfürst Karl Ludwig (1617–1680), der Sohn Friedrichs V., die reformierte Konfession in dem inzwischen katholischen Land wieder einführen konnte.

Die Religionsbestimmungen von 1648 waren ein Meilenstein auf dem Weg zu Gewissensfreiheit und Toleranz, obwohl die von Sachsen-Altenburg namens des *corpus Evangelicorum* geforderte individuelle Gewissensfreiheit so nicht durchgesetzt werden konnte. Die von obrigkeitlicher Willkür zeugenden Konfessionswechsel eines ganzen Landes gehörten nun aber der Vergangenheit an. Nicht nur in den Städten, auch in vielen Territorialstaaten lebten fortan Angehörige unterschiedlicher Bekenntnisse friedlich nebeneinander. Ihre Rechte waren exakt abgestuft. Für die Landeskonfession galt das *exercitium publicum religionis* mit Kirchen, Glocken etc. Bestand schon 1624 eine weitere Konfession, durfte diese in Bethäusern mit privaten Predigern ausgeübt werden. Denjenigen, die sich zu einer 1624 nicht vorhandenen Konfession bekannten, war die *devotio domestica* garantiert. Sie durften dem eigenen Glauben gemäß leben, mussten nicht am Gottesdienst der Landeskonfession teilnehmen und konnten ihre Kinder in den Nachbarterritorien zur Schule schicken. Sie sollten mit Nachsicht geduldet, durften aber unter Wahrung einer Frist von drei bzw. fünf Jahren ausgewiesen werden.

Den zur Emigration Gezwungenen oder den freiwillig Auswandernden mussten Zeugnisse ihrer Geburt und freien Abkunft, ihres erlernten Berufes und unbescholtenen Lebenswandels ausgehändigt werden. Ungewöhnliche Reverse oder hohe Abzugsgebühren waren ebenso untersagt wie andere obrigkeitliche Eingriffe in ihr Vermögen. Den Ausgewiesenen stand es sogar frei, ihren Besitz zu veräußern oder ihn durch Verwalter bewirtschaften zu lassen. Zur Aufsicht über ihr Eigentum, zur Führung von Prozessen oder zur Eintreibung von Schulden konnten sie jederzeit frei und ohne Geleitbrief zurückkehren.

Innerhalb der reichsständischen Herrschaftssysteme durfte kein Angehöriger eines reichsrechtlich legitimierten Bekenntnisses diskriminiert werden: Niemand sollte deswegen aus Gemeinschaften wie denjenigen von Kaufleuten, Zünften oder Spitälern bzw. von öffentlichen Begräbnissen ausgeschlossen werden. Diese Duldung war zwar kein Menschenrecht, doch sie galt für weit über 90 Prozent der Deutschen und konnte sogar vor unabhängigen Reichsgerichten eingeklagt werden.

Die neue Ordnung des Konfessionellen zeigt, dass die deutsche Freiheit nicht nur in Gestalt reichsständischer Rechte, sondern auch im überständischen Sinn 1648 eine normative Basis gewann. Verfassungsrechtlich galt fortan eine strikte konfessionelle Parität. Bei Prozessen zwischen Ständen unterschiedlicher Bekenntnisse sollten die Urteilergremien paritätisch besetzt sein. Um zu verhindern, dass auf dem Reichstag die katholische Mehrheit die evangelische Minderheit majorisiere, galt für alle Fragen mit konfessionellem Hintergrund die *itio in partes*. Die Stände teilten sich dann in ein *corpus catholicorum* und ein *corpus evangelicorum*, um sich ohne die Möglichkeit der Überstimmung zu einigen.

Trotz dieser Zugeständnisse konnte der Kaiser die Protestanten nicht von den Schweden trennen. Ferdinand III. wandte sich daraufhin überraschend Frankreich zu, um eine katholische Einheitsfront zu bilden und Schweden auszumanövrieren. Mazarin nutzte angesichts der schwierigen innenpolitischen Situation die günstige Gelegenheit: Die französische Krone gewann die linksrheinischen habsburgischen Territorien im Elsass und Sundgau sowie die Festungen Breisach und Philippsburg. Der Besitz von Metz, Toul und Verdun wurde bestätigt. Viele Formulierungen dieses in den Frieden aufgenommenen Vorvertrags waren «interpretationsfähig»: Französische Juristen konstruierten später immer neue Ansprüche, und die Armee sorgte dafür, dass die Grenzziehung weniger eine Rechts- als eine Machtfrage war.

Frankreich beherrschte damit auch die spanische Nachschublinie in die Niederlande: Philipp IV., dessen Proteste gegen die grobe Missachtung der habsburgischen Haussolidarität den Kaiser nicht hatten umstimmen können, war deshalb gezwungen, mit der Republik der Niederlande Frieden zu schließen. Er wurde im Januar 1648 in Münster besiegelt und im Mai unterzeichnet. Der spanisch-französische Krieg ging jedoch bis zum Pyrenäenfrieden 1659 weiter.

Verglichen mit Frankreich erwarb die schwedische Krone weit größere Gebiete: die Odermündung, Vorpommern und Wismar sowie die beiden Bistümer Bremen und Verden. Während die französischen Gewinne aus dem Reichsverband herausgelöst wurden und den französischen König zum souveränen Herrn über ehemaliges Reichsgebiet machten, verblieben die schwedischen Erwerbungen im Reichs-Staat. Die schwedische Krone erhielt Sitz und Stimme auf dem Reichstag. Oxenstierna forderte zudem 20 Millionen Reichstaler als Kriegsentschädigung, gab sich aber schließlich mit einem Viertel dieser Summe zufrieden.

Schweden war die wichtigste Kraft im Norden des Reiches. Als Gegengewicht wurde auf Wunsch Kardinal Mazarins auch Kurfürst Friedrich Wilhelm von Brandenburg, der auf Vorpommern hatte verzichten müssen, mit Hinterpommern, den Stiften Halberstadt, Kammin und Minden sowie Magdeburg großzügig entschädigt. Ansonsten blieben die territorialen Veränderungen in erstaunlich engen Grenzen: Die Pfälzer Kurwürde und die Oberpfalz fielen mit allen Rechten an die bayerischen Wittelsbacher. Für die in der Unterpfalz restituierten pfälzischen Wittelsbacher wurde eine achte Kur neu geschaffen. Herzog Eberhard III. von Württemberg (1614–1674) und Markgraf Friedrich von Baden (1594–1659) erhielten ihre Rechte und Besitzungen zurück. Mecklenburg bekam die Stifte Schwerin und Ratzeburg. An der Peripherie des Reichs erlangten Basel und die Eidgenossenschaft die «völlige Freiheit und Exemtion vom Reich», und der Kaiser erkannte die «Souveränität» der niederländischen Republik an. In Lothringen und im Elsass übernahm der französische König die Initiative.

Der Kongress wollte ursprünglich wohl eine Art Universalfrieden für Europa schaffen, doch «ein ‹Grundgesetz› für Europa oder der europäischen Völkerrechtsgemeinschaft [...] stellen die Verträge vom 24. Oktober 1648 nicht dar. Sie haben den Charakter einer lex fundamentalis nur in den reichsrechtlichen Bestimmungen und auch nur für das Reich» (Steiger, in: Duchhardt 1998, 55). Die europäische Dimension des Westfälischen Friedensvertrages wurde später konstruiert: Für viele Politikwissenschaftler markiert 1648 den symbolischen Ausgangspunkt der sog. Westfälischen Souveränität, eines auf Autonomie und Gleichrangigkeit basierenden europäischen Staatensystems. Tatsächlich kann von einer europäischen Staatenbalance aber erst im 18. Jahrhundert gesprochen werden.

Der strukturell nichtangriffsfähige und selbst nie expansiv gewordene Reichs-Staat war für die Aufgabe des Ausgleichs in Europa prädestiniert, weil er nur in der Verteidigung einheitlich agierte. Die 1648 fixierte Verfassungsordnung ließ den Reichsständen alle denkbaren Freiräume. Angesichts der Erfahrungen von 1629 und 1635 wurden die Prärogativen des Kaisers zwar nicht angerührt, aber dahingehend fixiert, dass sie nicht legal in ein monarchisches System überführt werden konnten. Die Reichsstände erhielten nun offiziell die Landeshoheit (*ius territoriale*). Sie durften nach Art. VIII § 1 des Osnabrücker Friedensvertrages bei der «Ausübung der Landeshoheit sowohl in geistlichen als auch in weltlichen Angelegenheiten [...] von niemanden jemals unter irgendeinem Vorwand tatsächlich beeinträchtigt werden». Reichsstädte und Reichsritter bekamen Selbständigkeit und Herrschaftsrechte eigens zugesichert.

In Verbindung mit Art. VIII § 2, der den Reichsständen das Bündnisrecht gewährte, ist daraus gefolgert worden, dass diese zu «souveränen Staaten», «Völkerrechtssubjekten» und Bündnispartnern der europäischen Mächte geworden seien. Tatsächlich wurde ihnen aber nur ein Bündnisrecht untereinander und mit Auswärtigen zu ihrem eigenen Schutz eingeräumt. Ausdrücklich verboten waren alle Bündnisse, die gegen den «Kaiser und Reich» geleisteten Treueeid sowie den Landfrieden oder den Westfälischen Frieden verstießen. Die Einheit des Reichs-

Staates und der Zusammenhalt der deutschen Nation wurden dadurch keineswegs in Frage gestellt, selbst der Kaiser hatte keine Einwände.

Letztlich setzte das Reichsgrundgesetz Westfälischer Frieden nur das spätmittelalterliche Einungsverbot außer Kraft, das der Prager Frieden wiederbelebt hatte. Das Bündnisrecht diente der Erhaltung und Festigung des territorialen Status quo. In diesem Sinne wurde auch das reichsständische Stimmrecht bei Gesetzen und Steuern sowie bei Beschlüssen über Krieg und Frieden festgeschrieben. Die mit den beiden höheren Kurien gleichrangige Stimme (*votum decisivum*) der städtischen Reichstagskurie wurde dagegen nie realisiert.

Den Reichsständen lag nichts ferner, als auf eine Auflösung des Reichs-Staates hinzuarbeiten. Sie dachten und handelten in den Kategorien und Zusammenhängen der Reichsverfassung, die nun eine Bestandsgarantie erhielt. Der Friedensvertrag setzte jedoch vielen Entwicklungstendenzen ein abruptes Ende. Die mit ihm erfolgte «Verrechtlichung» des Politischen sicherte nicht nur die kleineren Reichsstände, sondern vielfach auch Landstände und Landschaften. Die eingespielten Verhältnisse, d. h. Schutz und Schirm, aber auch Kontrolle durch «Kaiser und Reich», bestanden vor allem für die kleineren Herrschaften fort. In diesen meist stände- und landschaftslosen Gebieten überwachten die Reichsgerichte Rechtmäßigkeit und Sozialverträglichkeit der von Grafen, Rittern, Prälaten und städtischen Obrigkeiten erlassenen Normen. Die Reichsjustiz ersetzte hier die Kontrolle, die in den größeren Territorien Landstände und Verwaltungen ausübten. All dies hatte sich bereits vor dem Dreißigjährigen Krieg eingependelt, und all dies ließ der Westfälische Frieden unangetastet. Er machte das Reich nicht überflüssig, sondern garantierte dessen Fortbestand in bewährter Form.

Das Westfälische Vertragswerk war kein «Aufbruch zu neuen Ufern» und bedeutete alles andere als «für unser Volk ein nationales Unglück» (Dickmann 1972, 494). Diese den übersteigerten nationalstaatlichen Vorgaben des 19. Jahrhunderts geschuldete Einschätzung widerspricht allen Deutungen der Zeitgenossen. Die Legende von der staatlichen Zersplitterung und vom Souveränitätsverlust des Reiches 1648 erweist sich allerdings als zählebig: Schulbücher und populäre Geschichtserzählungen verbreiten sie noch immer.

Im Vergleich zu den reichsrechtlichen Festlegungen, die auf dem nächsten Reichstag vervollständigt werden sollten, bleiben die auf Europa verweisenden Bestimmungen des Friedensvertrages marginal. Da der auch auf Reichslehensgebiet in Burgund und Oberitalien geführte Krieg zwischen Spanien und Frankreich weiterging, waren eine Reihe komplizierter Regelungen nötig. Der Burgundische Reichskreis sollte zwar zum Reich gehören, jedoch durfte dieses in das dortige Kriegsgeschehen nicht eingreifen. Zudem übertrug der Kaiser der französischen Krone das Obereigentum über Pinorolo samt der Landeshoheit und allen anderen Rechten, die ihm und dem Reich zukamen. Mit Montferrat, um das Savoyen und Mantua stritten, wurde das Herzogtum Savoyen belehnt. Mantua erhielt eine finanzielle Entschädigung. Nimmt man die in einem eigenen Vertrag geregelte Souveränität der niederländischen und diejenige der eidgenössischen Republik hinzu, so sind dies zusammen mit den Gebietsabtretungen an Frankreich, der gegen den Papst gerichteten Antiprotestklausel und der Festlegung der drei Garantiemächte alle Vertragsbestimmungen, die sich an Akteure außerhalb des deutschen Reichs-Staates richteten oder über diese entschieden.

Die rückwirkend konstruierte Idee einer «Westfälischen» Souveränität, die, an sich unteilbar, Zentralregierungen ohne einflussreiche Zwischengewalten sowie Staaten mit undurchlässigen Grenzen voraussetzt, überfrachten die Westfälischen Friedensverhandlungen: Sie schufen lediglich einen säkularen, diplomatisch-zeremoniellen Rahmen, der es beispielsweise Monarchien und Republiken erlaubte, gleichberechtigt zu verhandeln und Verträge zu unterzeichnen.

VI. Wandel oder Stillstand durch Krieg?

Nach dem Friedensschluss wurde Bilanz gezogen – sie war niederschmetternd. Es fehlte an fast allem: an Menschen und Vieh, an Arbeit und Nahrung. Weite Gebiete waren entvölkert, Schutt und Asche allenthalben. Mehr als 100 000 demobilisierte Soldaten und ihr bisher im Tross lebender Anhang zogen entwurzelt und auf der Suche nach Kriegsdiensten durch ganz Europa. Für die Zeitgenossen war das Jahr 1648 ein tiefer, lange nachwirkender Einschnitt: Auch wenn sie in ihren Berichten über die unvorstellbaren Grausamkeiten, die Leiden der Bevölkerung, die Gräuel, Armut und bitterste Not häufig übertreiben mussten, um überhaupt gehört zu werden, bleibt doch der Eindruck individuellen und allgemeinen Entsetzens.

Dennoch hat dieser Krieg nicht nur traumatisiert. Das Leben ging weiter, und die Menschen fanden erstaunlich schnell zum «Alltag» zurück, aber vieles war anders als vorher. Es gab Veränderungen, Strukturwandel und Innovationen, die auf Dauer nicht nur negativ wirkten. Eine vollständige Bilanz des Krieges muss auch dies berucksichtigen. Aus dem Landsknecht auf der Suche nach Sold wurde der disziplinierte Soldat in einer stehenden Armee, die konfessionell bedingten Verwerfungen verloren an Schärfe und die politischen Auseinandersetzungen um die Reichsverfassung an Brisanz. Vor allem aber war aus der relativen Überbevölkerung um 1600 ein Mangel an Menschen geworden. Für die Dauer von ein bis zwei Generationen gab es Ackerland in Hülle und Fülle. Die Peuplierungspolitik vieler Staaten sorgte dafür, dass Flüchtlinge wie die Hugenotten zumindest den Regierungen hochwillkommen waren und die Aufnahmegesellschaft mit ihren Vorstellungen und ihrer Kultur bereichern konnten.

Trotz millionenfachen Todes hat der Krieg nicht nur kulturvernichtend gewirkt. Doch in einer Ständegesellschaft, die sich in normalen Zeiten nur langsam veränderte – strukturgeschichtlich eine weithin statische Welt –, wirkten solche beschleunigten Entwicklungen bedrohlich, weil sie das Hergebrachte in Frage stellten. Vor mehr als einem halben Jahrhundert hat Siegfried H. Steinberg versucht, die gängige Sichtweise zu relativieren: «An die Stelle der Fabel von der allgemeinen Verwüstung und dem Massenelend ist daher die weniger sensationelle Erkenntnis zu setzen, daß zwischen 1600 und 1650 in Deutschland eine Umschichtung der Bevölkerung und des Besitzes stattfand, die einigen Gegenden, Ortschaften und Personen zum Vorteil und anderen zum Schaden gereichte [...]. Im Jahre 1648 war Deutschland weder besser noch schlechter daran als im Jahre 1609: es war lediglich anders, als es ein halbes Jahrhundert zuvor gewesen war.» (Steinberg 1967, 7)

1. Die Soldaten

Am Ende des Krieges hielten der Kaiser mit seinen Verbündeten etwa 70 000, seine Gegner – Schweden, Frankreich und Hessen-Kassel – etwa 140 000 Soldaten in Deutschland unter Waffen: eine unvorstellbare Massierung von Kampfkraft und Versorgungsproblemen in einem erschöpften Land. Die übergroße Mehrheit dieser Soldaten waren freie Söldner: Männer, die mit einem Laufgeld und Soldversprechen angeworben worden waren und einen Dienstvertrag in Gestalt eines Artikelbriefes unterzeichnet hatten. Sie als «Freiwillige» zu bezeichnen, ist fragwürdig, weil den meisten keine Wahl blieb: Es gab für sie kaum andere Beschäftigungen mit auskömmlicher Nahrung. Die Überbevölkerung oder der Krieg selbst trieben die Männer zu den Soldaten. Hinzu kamen Abenteuerlust sowie die vage Hoffnung auf ein freies Leben und auf reiche Beute. Ausgebildete Söldner hielten sich selbst aufgrund ihrer erlernten («eingedrillten») Fertigkeiten mit dem Langspieß, der Doppelmuskete oder anderen Waffen für Ausübende des Kriegshandwerks.

Da Söldnerheere sehr teuer, die alten «Landesaufgebote» aber im Kampf militärisch oft wertlos waren, hatte man schon im 16. Jahrhundert beide Formen kombiniert. Ausgewählte Untertanen wurden nicht nur militärisch gedrillt, sondern auch geschult, die Verteidigung des Vaterlandes, von Frau und Kindern, von Haus und Hof als ihr ureigenstes Anliegen zu betrachten. Die Milizionäre sollten sich mit dem Staat, der herrschenden Dynastie oder der Heimat so identifizieren, dass sie zu deren Verteidigung bereit waren, ihre Ausbildung aber nicht dazu nutzten, die Waffen gegen die eigenen Herren zu richten. Die Landesdefensionstruppen lösten kleinere militärische Aufgaben wie die Disziplinierung von Durchzügen oder die Verteidigung bestimmter Plätze und Passagen. Der permanente Krieg musste sie jedoch überfordern: Die Bauern fragten sich nicht zu Unrecht, ob sie – fern der Heimat eingesetzt – wirklich noch ihre Interessen verteidigten, und warum sie keinen Sold bekamen wie die regulären Soldaten.

Das schwedische Heer bestand bis zur Schlacht bei Breitenfeld 1631 etwa zur Hälfte aus schwedischen und finnischen Rekruten: Das Konskriptionssystem verpflichtete jede Gemeinde, eine bestimmte Anzahl Soldaten zu stellen. Die bevölkerungspolitischen Auswirkungen waren verheerend. Aus einer nordschwedischen Gemeinde, für die genaue Zahlen bekannt sind, kämpften zwischen 1621 und 1639 230 Männer in Polen und Deutschland, 215 fielen, fünf kehrten als Krüppel zurück (Parker 1987, 283). Die Einberufung kam mithin dem Heimatverlust und einem Todesurteil gleich. Zwar verschob sich auch in der schwedischen Armee das Verhältnis zugunsten der Söldner, doch sie konnte auf die «billigen» Milizionäre nicht verzichten. Die anderen Heere bestanden aus Söldnern unterschiedlichster Abstammung, obwohl durchaus bekannt war, dass landsmannschaftliche Homogenität die Kampfkraft stärkte: Beispielsweise waren von 1644 Soldaten eines bayerischen Regiments 534 Deutsche und 217 Italiener, hinzu kamen 54 Polen, 51 Slowenen, 26 Griechen, 24 Burgunder, 24 Lothringer, 18 Dalmatier, 15 Franzosen, 14 Böhmen, 11 Spanier, fünf Ungarn, je zwei Kroaten und Schotten, je ein Sizilianer und Ire und sogar 14 Türken (Redlich 1964, 1, 456).

Die Soldaten sprachen viele Sprachen. Die Qualität der Offiziere zeigte sich daher auch in ihrer Sprachgewandtheit. Bunt wie ihre Herkunft war die Kleidung der Söldner: Meist abgetragen und schmutzig, ragte sie dennoch aus der Alltagskluft der Bauern und Handwerker heraus. Standardisierungen waren kaum möglich, einheitliche Uniformen bildeten die große Ausnahme, mehrten sich aber gegen Kriegsende. Bis es soweit war, halfen einfache Erkennungszeichen wie Zweige oder Federn bei der Identifikation von Freund und Feind.

Soldaten zahlten weder Steuern noch Zölle. Eine gewerbliche Tätigkeit oder Bauernarbeit galt ihnen als unter ihrer Würde. Im Gegensatz zu allen anderen Untertanen durften sie jagen und Waffen tragen. Doch das Soldatenleben war ausgesprochen risikoreich: Manche Regimenter kamen auf monatliche Verlustraten von mehr als zehn Prozent – weniger durch Kampfhandlungen als durch Pest, Typhus und andere Krankheiten. Wer verwundet oder krank wurde, blieb auf sich selbst gestellt bzw. auf seinen Anhang im Tross angewiesen. Es gab kaum Militärärzte und keine Lazarette, Pensionen oder Invalidenheime.

Der soziale Aufstieg glückte einfachen Landsknechten nur selten: Nicht-adlig geborene Befehlshaber wie Jan van Werth (ca. 1591–1652) oder Peter Melander (1589–1648), der sogar als Graf von Holzappel Aufnahme ins Reichsgrafenkollegium fand, bildeten eine große Ausnahme. Diese Soldaten stiegen mehr oder weniger parallel zu ihrer Militärkarriere auch in der Adelsgesellschaft auf. Insgesamt gelang im Dreißigjährigen Krieg vielleicht zehn Soldaten der Aufstieg von «ganz unten» nach «ganz oben» (G. Schmidt 1997, 446). Der «normale» Söldner wurde allenfalls Rottmeister (Unteroffizier) oder Wachtmeister (Feldwebel). Da sie für die Disziplin verantwortlich waren, zogen vor allem sie den Hass der einfachen Söldner auf sich. Bei der Abdankung wurden deshalb die niederen Dienstgrade einschließlich der Profossen vorher beurlaubt, damit sie sich vor ihren ehemaligen Untergebenen in Sicherheit bringen konnten.

Offiziere mussten vermögend oder kreditwürdig sein, um ihre Kompanien und Regimenter ausrüsten zu können. Und sie sollten in Deutschland «geboren, herkommen und belehent» sein (Kaiser, in: Kroener/Pröve 1996, 287), weil sie dann stärker auf Disziplin achteten, um den gemeinen Mann nicht gegen sich aufzubringen. Denn dieser war zu «einem Faktor im Krieg» geworden (ebd., 303), hatte man ihn gegen sich, war dies bei den Planungen zu berücksichtigen. Die militärischen Befehlshaber wurden auch deswegen durch Belehnungen und Immobilienbesitz in die territoriale Herrschaft ihrer Auftraggeber eingebunden. Sie fühlten sich dann neben ihren Soldaten auch Land und Leuten verpflichtet.

Eine Armee benötigte ungeheure Mengen an Waffen und Ausrüstungsgegenständen bis hin zur Kompaniefahne, dem wichtigsten Symbol jeder Einheit. Darüber hinaus mussten die Soldaten verpflegt werden – Tag für Tag verbrauchten sie pro Kopf etwa ein Kilo Brot, ein Pfund Fleisch und drei Liter Bier. Ausgehend von diesen Sollwerten, die natürlich oft erheblich unterschritten wurden, waren für eine Armee von 40 000 Mann täglich 800 Zentner Brot zu backen, 400 Zentner Fleisch bereitzustellen und 120 000 Liter Bier auszuschenken. Dazu wurden täglich mindestens 100 Ochsen und 2400 50-Liter-Fässer Bier benötigt. Doch auch die Pferde wollten fressen und ebenso die Ochsen, die am nächsten Tag das Fleisch liefern sollten. Dass mit einer Feldarmee 25 000 Stück Vieh zogen, war üblich und unumgänglich. Neben den regulären Soldaten fand sich noch einmal mindestens die gleiche Anzahl von Menschen im Tross. Hier lebten alle für den Nachschub Verantwortlichen, aber auch Frauen, Kinder, Prostituierte, Diener, Mägde und Knechte, Marketenderinnen und Invaliden, dazu viele Entwurzelte, die diese Gesellschaft als Chance zum Überleben nutzten. Sie mussten sich selbst unterhalten und wurden zur eigentlichen Landplage. Aus Transport- und Versorgungsgründen agierten die Heere meist in der Nähe von Flüssen. Die relative Unbeweglichkeit und der materielle Wert einer intakten Armee erzwangen die oft beklagte hinhaltende Kriegstaktik.

Auch die Waffen der Soldaten mussten ständig verfügbar sein: Piken von bis zu sieben Metern Länge für die Fußknechte, die zudem Helme und Rüstungen benötigten. Die Musketiere brauchten Luntengewehre, Stützgabeln, Pulverflaschen, Kugeln, Pulver und Lunten. Das Verhältnis zwischen Pikenträgern und Musketieren verschob sich im Laufe des Krieges zugunsten der

Letzteren. Die Pikenträger galten schon den Zeitgenossen als arme Hunde, die mit ihren Körpern die Musketiere vor allem während des langwierigen Ladevorgangs schützen mussten, denn die optimale Schussweite lag bei etwa 50 Metern. Mit dem vermehrten Einsatz der Kavallerie wurden die Aktionen auch auf dem Schlachtfeld immer schneller, die Kriegführung insgesamt beweglicher. Das gilt auch für die besonders wertvolle und wenig mobile Artillerie. Kanonen und Haubitzen unterschiedlicher Größe und Reichweite mussten von zehn und mehr Pferden in Stellung gebracht und gesichert werden, damit sie nicht dem Feind in die Hände fielen. Die schweren Waffen wurden im Laufe des Krieges leichter, beweglicher und effektiver. Sie verbreiteten nicht nur Angst und Schrecken, sondern erzielten gerade gegenüber dem Fußvolk auch Wirkung.

Bei den wenigen großen Schlachten dominierte anfangs die spanische Aufstellung: große Vierecke von Pikenträgern und Musketieren, dazwischen und auf den Flügeln die Reiterei. Dagegen hatten die Schweden die nassau-oranischen Heeresreformen fortentwickelt. Sie stellten kleinere Einheiten mit einer Tiefe von höchstens zehn, oft nur sechs Mann auf das Schlachtfeld, wobei die Infanterie sich weniger auf die Piken als auf die Feuerkraft der Musketiere verließ. Das Schlachtfeld wurde breiter, viel mehr Soldaten mussten sich gleichzeitig im Kampf Mann gegen Mann mit Pike oder Säbel und in einer nur geringfügig größeren Distanz mit der Muskete bewähren. Wegen der mangelnden Tiefe bestand bei dieser Aufstellung allerdings die Gefahr eines feindlichen Durchbruchs und einer Flucht der eigenen Leute. Gegen Ersteres standen Eingreifreserven zur Verfügung, Letzteres unterbanden die hinter den eigenen Linien postierten Offiziere mit geladener Waffe.

Die neue beweglichere Taktik verlangte diszipliniert kämpfende Söldner. Um die Technik der Salve bei anstürmendem Feind zu beherrschen, waren nach einem von Johann Jacobi von Wallhausen (1580–1627) verfassten Kriegsbuch 143 Handgriffe nötig. Den Pikenträgern reichten 21. Die Schweden entwickelten die Salve zur Doppelsalve weiter: Zwei Reihen – im Stehen und im Knien – feuerten gleichzeitig. Größere Beweglichkeit und höhere Feuerkraft ließen die schwedische Armee über weite Strecken des Krieges überlegen werden. Gustav Adolfs Hauptarmee legte 1631/32 1600 Kilometer zurück. Gegen Kriegsende wurden die Marschleistungen noch größer. Das bekannte Tagebuch eines Söldners belegt eine zwischen 1625 und 1649 meist zu Fuß zurückgelegte Strecke von etwa 25 000 km.

Leichtere Geschütze und flexiblere Kampftaktiken, Ausbau der Kavallerie, insbesondere der leichten Reiterei, und innerhalb der Infanterie eine spürbare Gewichtsverlagerung zugunsten der Musketiere verdeutlichen, wie sich die Taktik in Richtung auf größere Feuerkraft und erhöhte Beweglichkeit fortentwickelte. Nach dem großen Krieg korrespondierten die komplizierter gewordene Kriegstechnik und das Problem der demobilisierten Soldaten mit dem Verlangen nach permanent verfügbaren Truppen. Es begann die Zeit der «stehenden» Heere.

2. «Alltag», Not und Gewalt

Angaben über die Auswirkungen des Krieges auf Deutschland sind aus Einzelquellen hochgerechnete Schätzwerte. Die Zahlen geben daher nur Größenordnungen und Relationen wieder.

Um 1600 mögen in Deutschland (gerechnet in den Grenzen von 1871) zwischen 15 und 17 Millionen Einwohner gelebt haben, andere Schätzungen sprechen von bis zu 21 Millionen. Die Verluste werden mit 20 bis 45 Prozent des Vorkriegsstandes beziffert: Um 1650 lebten demnach noch etwa 10 bis 13 Millionen Menschen in Deutschland. Günther Franz unterscheidet vier Zonen: Verwüstungsgebiete mit über 50, Zerstörungsgebiete mit zwischen 30 und 50, Übergangsgebiete mit 10 bis 30 Prozent Verlusten sowie die wenig betroffenen Randgebiete in Niederdeutschland und in den Alpen mit Einbußen von weniger als 10 Prozent.

Die schwerstbetroffenen Gebiete ziehen sich von Pommern und Mecklenburg im Nordosten über Thüringen sowie Hessen in der Mitte bis zu den kleinräumigen Gebieten im Südwesten. In Mecklenburg waren 1640 noch jede dritte, 1651 nur noch jede achte Bauernstelle besetzt; in Hinterpommern fehlten zwei

Drittel der ländlichen Bevölkerung. Für das Herzogtum Württemberg kommt von Hippel auf einen Bevölkerungsrückgang von durchschnittlich 57 Prozent zwischen 1634 und 1655, wobei die Zahlen für die einzelnen Ämter zwischen 31 und 77 Prozent schwanken. Die Katastrophe brach plötzlich 1634/35 in Gestalt der bei Nördlingen siegreichen Habsburger Heere über das Land herein und verwüstete es fast vollständig.

Die Verluste waren dort am größten, wo die Armeen zogen oder standen: an großen Flüssen, Durchgangsstraßen und strategisch wichtigen Punkten. Sie waren auf dem Land durchweg höher als in den Städten, deren Mauern Schutz vor der Soldateska, nicht jedoch vor Seuchen und Hungersnöten boten. Die städtische Bevölkerungsbilanz wird durch die Landbevölkerung geschönt, die in unruhigen Zeiten in die als sicher geltenden Städte floh: 1634 nahmen die etwa 15 000 Einwohner Ulms 8000 Flüchtlinge auf.

Etwa 30 bis 50 Prozent Bevölkerungsverluste waren in Brandenburg, Magdeburg, Hessen, Franken, Bayern, Schwaben sowie im Elsass zu beklagen. Sachsen verlor nur zwischen 10 und 20 Prozent: Im Städtedreieck Leipzig, Dresden und Chemnitz starben oder flohen jedoch bis zu zwei Drittel der Bevölkerung. In den Lausitzen waren 1647 ein Drittel aller Bauernstellen unbesetzt, ein Viertel der Bevölkerung tot. Der Viehbestand sank auf ein Drittel des Vorkriegsstandes. Es fehlte deshalb an Fleisch, Milch, Dünger und an Zugkraft zur Bearbeitung der Felder. Böhmen, Mähren und Schlesien kamen mit 10 bis 30 Prozent Bevölkerungsverlust noch recht glimpflich davon. Die österreichischen Erblande sowie weite Teile Nordwestdeutschlands blieben von solch dramatischen Einbrüchen weitgehend verschont.

Selbst präzise regionale Differenzierungen können nicht erklären, warum sich Menschen in unmittelbar benachbarten und vom Kriegsgeschehen in gleicher Weise heimgesuchten Gebieten unterschiedlich verhielten. Offensichtlich spielten die fürsorglichen Maßnahmen der Obrigkeiten eine weit größere Rolle als bisher vermutet. Wo sie dafür sorgten, dass das System des «Einfliehens» funktionierte, freies Geleit mit den Befehlshabern ausgehandelt und vor anrückenden Soldaten rechtzeitig gewarnt wurde, damit die Bauern sich und ihre bewegliche Habe in Städten und anderen befestigten Plätzen in Sicherheit bringen konnten, litt der normale Wirtschaftskreislauf weit weniger als andernorts. Ingomar Bog schätzt, dass in dem von ihm untersuchten Heilsbronn etwa 50 Prozent der Bauern auf diese Weise den Krieg glimpflich überstanden. Die dann noch immer hohe Verlustrate betraf mit Franken eine vom Krieg schwer heimgesuchte Region. Der lange Krieg wirkte aber auch dort verheerend, wo keine Soldaten auftauchten. Erhöhter Steuerdruck und die Behinderung von Gewerbe, Handel und Landwirtschaft ließen die Menschen verarmen, machten sie hungrig und krank. Ihre ausgemergelten Körper konnten einer Hungersnot nicht lange widerstehen: Alte, Kranke und Kinder starben zuerst.

Die Bevölkerungsbilanz des Krieges ist eindeutig, die Verlustrate liegt sicher näher an 40 als an 15 Prozent. Doch so schrecklich der Tod für die Angehörigen gewesen sein mag, die Kriegsverluste erhöhten die Chancen der Überlebenden. Männer wie Frauen, die in «normalen» Zeiten nie oder erst viel später eine Ehe hätten schließen können, gründeten Familien und fanden ihr Auskommen auf einer der vielen verlassenen Bauernstellen. Gegenüber der großen Angst um 1600 ergriff nun wieder ein optimistischer Zug die Menschen. War der Einschnitt so tief? War die deutsche Wirtschaft wirklich am Boden zerstört, und hat sie sich davon tatsächlich erst im 19. Jahrhundert erholt?

Eine Aufstellung der Stadt Schwäbisch Hall bezifferte die Kriegsverluste allein an Kontributionen auf mehr als 3,5 Million Gulden. Der Wert aller Mobilien und Immobilien wurde vor dem Krieg auf etwa eine Million Gulden geschätzt und betrug 1652 noch immer etwa 750 000 Gulden. Dies zeigt, dass ein großer Teil der angeblichen Verluste in die städtische Wirtschaft zurückgeflossen sein muss (Friedrichs, in: Parker 1987, 305 f.). Selbst das durch Raub und Plünderung erworbene «Hab und Gut» ist nur für den Ausgeraubten ein Vermögensverlust, für den Räuber jedoch ein Gewinn. Während des Krieges entwickelte sich beispielsweise mit Ochsen und Kühen ein schwunghafter Handel: Soldaten raubten Vieh – ein illegaler, aber «alltäglicher» Vorgang, der die betroffenen Bauern in den Ruin treiben und zur Aufgabe ihrer Höfe zwingen konnte. Kauften die Beraubten es nicht selbst zurück, trieben es die Soldaten ein paar Dörfer weiter und gaben es dort weit unter Preis ab. Wurde den neuen Besitzern das Vieh nicht sofort wieder geraubt, verkauften sie die Tiere mit großem Gewinn, die sie nicht zur eigenen Wirtschaft benötigten. Wenn zudem die Soldaten ihren «Gewinn» größtenteils im Lande ausgaben, erfolgte letztlich nur ein Vermögenstransfer.

Auch mit regulären Abgaben wussten etwa Wallenstein und de Witte rational umzugehen: Das Herzogtum Friedland wurde mitten im Krieg zu einer blühenden Insel des Wohlstands. Die beiden Hansestädte Bremen und Hamburg haben vom Krieg wohl eher profitiert, ebenso das Herzogtum Oldenburg wegen seiner Pferdezucht. In den meisten Gegenden Deutschlands führte er aber nicht nur zu vorübergehenden Stockungsperioden. Der Krieg zerstörte viele Ressourcen und eingespielte Wirtschaftsabläufe und wirkte deswegen lange nach, wie von Hippel am württembergischen Beispiel gezeigt hat. Das Herzogtum war vom Ergebnis der Getreide- und Weinernte abhängig: Trotz eines absoluten Zuwachses sei angesichts der Bevölkerungsvermehrung vor dem Krieg vom Sinken des Pro-Kopf-Einkommens auszugehen. Die Steuerrenovationsberichte von 1655 zeigen, dass 57 Prozent der Gebäude erhalten geblieben waren, die einer um mehr als die Hälfte geschrumpften Bevölkerung zur Verfügung standen. Ackerland und Wohngebäude gab es genügend. Obwohl alle Voraussetzungen für einen Wirtschaftsaufschwung vorhanden waren, folgte dem Krieg kein Boom, sondern ein mühsamer Wiederaufstieg. Die Gewerbeproduktion schrumpfte: Weniger Menschen bedeuteten geringere Nachfrage. Die Agrarpreise stagnierten, der Wiederaufbau der Landwirtschaft verzögerte sich, und dies wirkte auf alle Sektoren von Handel und Gewerbe zurück. Die alten überregionalen Wirtschaftsbeziehungen waren zerfallen. Die landesherrlichen Regierungen griffen nun unter dem Gebot von Notwendigkeit und Gemeinwohl regulierend in das Sozial- und Wirtschaftssystem ein: Der Merkantilismus – wenige Einfuhren, viele Ausfuhren,

Geld und Gold zum Staatsschatz anhäufen, um eine möglichst schlagkräftige Armee unterhalten zu können – wurde europaweit zur simplen Wirtschaftstheorie eines regulierenden Staates.

Das für die wirtschaftspolitischen Aktivitäten notwendige Geld besorgten sich alle Staaten über Zwangsanleihen und Entschuldungsprogramme. Der Reichsabschied von 1654 bestimmte, dass 75 Prozent der Schuldzinsen gestrichen werden durften. Leidtragende waren die Gläubiger, besonders Stadtbürger und Stiftungen, von denen viele in den Ruin getrieben wurden. Die vertraute Argumentation mit «Notstand» und «Notwendigkeit» sorgte für einen kontinuierlichen Machtzuwachs der Landesherren und ihrer Regierungen. Die Staatsräson verlangte höhere Steuern, und die Landesherren perpetuierten in absolutistischer Manier die ihnen im Krieg zugefallenen «Notstandsrechte». Die dagegen opponierenden Stände wurden als Vertreter von Partikularinteressen angeprangert und zurückgedrängt.

Was in Deutschland weder im noch nach dem Krieg stattfand, war eine großflächige wirtschaftliche Modernisierung. Während die schwedische Kriegswirtschaft vor allem im Montangewerbe einen Strukturwandel initiierte und sich das «goldene» Zeitalter der Niederlande auch aus den immensen Kriegsgewinnen erklärt, wurden in Deutschland die vom Krieg ausgehenden Wirtschaftsimpulse etwa für die Metallgewinnung und -verarbeitung durch neue Zerstörungen immer wieder in Frage gestellt.

Die These, dass das im 16. Jahrhundert hoch entwickelte deutsche Gewerbe und der Handel die Anpassung an die europa- und weltweiten Bedingungen des 17. und 18. Jahrhunderts besser hätten vollziehen können, wenn nicht der Krieg und die Fortdauer der staatlichen Zersplitterung beides extrem behindert hätten, ist reine Spekulation. Unter den Bedingungen einer nicht industriekapitalistisch organisierten Wirtschaft sind die an diesem Muster gewonnenen Modernisierungskategorien nicht viel mehr als ideologische Versatzstücke, die einen möglichst geradlinig gedachten Entwicklungsablauf untermauern sollen. Die kleinräumig, fürsorglich-patriarchalisch organisierte deutsche Wirtschaft darf nicht als territorialstaatliche Autarkie missverstanden werden. Es gab Ansätze zur Vereinheitlichung des deutschen Wirtschaftsraums. Dass dagegen gerade in Krisenzeiten der territorialstaatliche Egoismus immer wieder zum Durchbruch kam, führte einerseits zu einer stimulierenden Konkurrenz und entsprach andererseits auch den Forderungen des Volkes, das den Sozialpakt «sittliche Ökonomie» einklagte. Es waren häufig die Konflikte zwischen lokal-regionalen und nationalen Wirtschaftsinteressen, die in den westeuropäischen Staaten Tumulte und Aufruhr provozierten und zu gefährlichen Zerreißproben für das Gesellschaftssystem eskalierten.

Obwohl Deutschland nicht wie England, Spanien oder die Niederlande auf allen Weltmeeren präsent war und nicht wie Frankreich zur Hegemonialmacht des Kontinents aufstieg, haben sich die deutschen Bauern und Handwerker keineswegs stärker von ihren Herrschaften unter Druck gesetzt gefühlt als die Menschen in den westeuropäischen Großstaaten. Gewalttätige Aufstände nach dem Muster der Fronde, der Brotkriege oder der «food riots» blieben in Deutschland selten.

All dies sagt aber nichts darüber aus, wie der oder die Einzelne das Erlebnis «Krieg» und «Gewalt» für sich verarbeitete. Die meisten der 1648 Lebenden waren durch den Krieg gezeichnet; auch wenn sie nicht Tag und Nacht auf der Flucht vor Soldaten waren, kannten sie «Frieden» als allgemeinen Zustand nur aus Erzählungen. Darüber hinaus mussten sie auch ihre individuellen Erlebnisse und Schicksale wie Vermögens- und Heimatverluste, Folterungen und Vergewaltigungen, Tod vieler Familienmitglieder und Verwandter verkraften. Die auf jahrhundertelangen Erfahrungen beruhenden tradierten Verhaltensweisen waren sinnlos geworden: Es ging oft um das nackte Überleben. Flucht und Versteck, Entwurzelung und Abenteurertum bestimmten zwar nur vorübergehend, für den Einzelnen aber während des Krieges oft lebenslang den Alltag.

Die Mentalitätsgeschichte des Dreißigjährigen Krieges ist noch nicht geschrieben. Die Übernahme aller zeitgenössischen Horror- und Gräuelgeschichten und deren Verallgemeinerung hilft nicht weiter. Ob es tatsächlich zu Kannibalismus gekommen ist, darf trotz aller Berichte darüber, die auch in der Klage einer Überbietungslogik folgen mussten, eines aktenkundigen Prozesses und einer Plastik, die eine an einem Menschenbein nagende alte Frau darstellt, füglich bezweifelt werden.

Sicher gab es Hunger und wahrscheinlich auch Hungertote: Die Erfahrung von längerfristigem Nahrungsmangel, von Hunger, von erpressten Kontributionen, von Raub und Totschlag reicht aus, um das Verhalten der Menschen entscheidend zu verändern. Bürger und Bauern taten Dinge, die sie vorher nicht getan hatten: Kleinere Soldatenhaufen wurden in Hinterhalte gelockt und erbarmungslos niedergemacht; Bauernbanden verhielten sich oft keinen Deut besser als marodierende Soldatenhorden. Herzog Ernst I. von Sachsen-Gotha (1601–1675) erklärte 1646 seinen Landständen, dass es für die Verzögerung des Friedensschlusses viele Gründe gebe, wenn man «politice davon discurriren» möchte. Gegenüber den Untertanen solle man den fortdauernden Krieg aber nur mit Gottes gerechtem Gericht begründen. Die Bauern wiesen freilich ihre Pfarrer darauf hin, dass man Soldaten nicht mit Gebeten, sondern nur mit Waffen vertreiben könne (Klinger 2001, 119).

Unter dieser Gewaltspirale litten vor allem Frauen: Die Berichte über Vergewaltigungen sind so zahlreich, dass sie in den Klagen über Not und Gräuel schon fast untergehen. Vergewaltigungen waren auch nach Soldatenrecht Schwerverbrechen und sollten entsprechend bestraft werden. Doch hier scheint es eine große Grauzone gegeben zu haben, denn entsprechende Verfahren sind selten überliefert. Die Offiziere sahen offensichtlich weg, und die Opfer oder ganze Dorfgemeinschaften schwiegen aus Angst vor Repressalien oder der Schande. Andere Vergewaltigungen wurden hingegen gerade deswegen bekannt, weil sie öffentlich erfolgten: Es ging den Soldaten nicht nur um das Ausleben sexueller Gewalt, sondern auch um die Demütigung der männlichen Bezugspersonen, die so gezwungen werden sollten, Verstecke zu öffnen und Vermögenswerte herauszugeben.

Die ganze Ohnmacht der menschlichen Existenz wurde in diesem Krieg greifbar und führte zu Ablenkungsprozessen wie den Hexenverfolgungen, die während des Krieges im deutschsprachigen Raum einen traurigen Höhepunkt erreichten. Beschuldigt wurden vor allem gesellschaftliche Außenseiter, während mit den Untaten im Krieg in erster Linie die Fremden – Spanier, Franzosen, Kroaten etc. – identifiziert wurden. Gewalt ist immer die Gewalt der anderen. Der Krieg hatte zu massenhaften Verwerfungen aus den angestammten Lebensbahnen geführt; seine Wirkung auf die Psyche des Einzelnen kann wohl nicht überschätzt werden. Dennoch kam es nicht grundsätzlich zum «Verfall der sozialen Ordnung» (Roeck, in: Kroener/Pröve 1996, 278). Nach dem Krieg sind die Menschen erstaunlich schnell zur Normalität und zu einem disziplinierten Verhalten zurückgekehrt. Der Dreißigjährige Krieg erscheint mit Blick auf das soziale Ordnungsgefüge als Störfall ohne größere Nachwirkungen: Aus der Ausnahmesituation wechselten die Menschen zurück in ihren Alltag mit harter Arbeit und Entbehrungen, aber auch mit der Hoffnung auf ein künftig besseres Leben.

VII. Ein deutscher Krieg und ein deutscher Frieden?

Die Zeitgenossen meinten nicht nur den Kampfplatz, sondern verknüpften auch Ursachen und Folgen, wenn sie das Geschehen zwischen 1618 und 1648 als «Dreißigjährigen», aber auch als «teutschen krieg», «bellum Germanicum», «War of Germany» oder als «dreißigjährigen teutschen Krieg» bzw. als «der Deutschen Dreyßigjähriger Krieg» zusammenfassten. Im Krieg standen die Konfessions-, Verfassungs- und Machtfragen im Reich deutscher Nation zur Disposition. Die Ereignisse zwischen 1618 und 1648, zwischen dem Prager Fenstersturz und dem Westfälischen Frieden, lassen sich mit der bezeichnenden Ausnahme des Beginns als Folge deutscher Konfliktlagen stimmig deuten. Spanien, Dänemark, Schweden und Frankreich intervenierten direkt, andere Staaten indirekt, doch sie reagierten auf bestimmte Konstellationen, die sie als bedrohlich wahrnahmen. Der Krieg galt nie europäischen Zielvorstellungen und Ordnungsmustern. Der niederländische Freiheitskampf und die Hegemonialkriege zwischen Spanien und Frankreich, Schweden und Dänemark bzw. Polen verknoteten sich zwar mit dem Geschehen in Deutschland, besaßen aber ihre eigenen Ursachen und wurden eigenständig gelöst. Frieden gab es 1648 in Deutschland, nicht in Europa.

1. Die Neujustierung des Reichs-Staates

Das Reich hatte in der zweiten Hälfte des 16. Jahrhunderts einen Verdichtungsschub erlebt. Die reichsweit orientierten konfessionellen Beziehungsnetze verstärkten das überregionale Zusammengehörigkeitsgefühl. Die Reichskreise haben gleichzeitig mit ihren Ordnungsaufgaben die Tradition der um einen mächtigen Fürsten zentrierten Hegemonialverbände in neuer

Form fortgeführt und standen für einen eher regional strukturierten Zusammenhalt. Die mächtigsten Fürsten organisierten und kontrollierten die Politik der Reichskreise. Sie und einige wenige andere Landesherren bestimmten zusammen mit dem Kaiser und den Kurfürsten die Richtlinien der Reichspolitik. Erst diese doppelte Einordnung in das Schutz- und Sicherheitsgefüge des Reiches und der regional ausgerichteten Reichskreise ermöglichte vor wie nach 1648 eine weithin selbständige reichsständische Staatlichkeit. Dieses Mehrebenensystem gehörte zu den unverzichtbaren Strukturbedingungen des komplementären Reichs-Staates.

Das gemeinsam betroffene und handlungsfähige Reich deutscher Nation reichte nach dem kaiserlichen Siegeszug in den zwanziger Jahren des 17. Jahrhunderts von den Alpen bis an die Küsten der Nord- und Ostsee. Es wurde damit annähernd deckungsgleich mit dem bis dahin vor allem ethnisch-geographischen Begriff «Deutschland». Immer häufiger erscheinen nun «deutsches Reich» oder «Deutschland» selbst dann in den zeitgenössischen Quellen, wenn eindeutig die Handlungseinheit «Kaiser und Reich» gemeint ist.

Der im Westfälischen Frieden neu fundierte und justierte komplementäre Reichs-Staat wurde in der juristischen Bearbeitung durch die Reichspublizisten zur beinahe perfekten politischen Ordnung, die allen beteiligten Gruppen Rechte, Freiräume und Teilhabemöglichkeiten garantierte und dennoch handlungsfähig blieb, wenn sich alle Beteiligten reichsfreundlich verhielten und konsensualen Lösungen nicht verweigerten. Ohne Funktionsäquivalenzen unterstellen zu wollen: Das heute als klassisch geltende Dreieck der Gewaltenteilung – Exekutive, Legislative und Judikative – war in Deutschland mit dem Wiener Kaiserhof, dem Immerwährenden Reichstag in Regensburg und dem Wetzlarer Reichskammergericht dezentral organisiert und sorgte dafür, dass die staatliche Grundbedingung deutscher Geschichte funktionierte: die berühmte Einheit in der Vielheit. Als ein netzartiges Gefüge von Staatlichkeit, in dem Formen des Mehrebenenregierens ebenso selbstverständlich waren wie plurale und verschachtelte Rechts- oder Konfessionsverhältnisse, korrespondierte der komplementäre Reichs-Staat mit heutigen Überlegungen und Modellen, die aktuelle Formen des Staates abbilden.

Für die Masse der kleineren Reichsstände bot die Übernahme der Reichsordnungen die Möglichkeit, dasjenige zu substituieren, was man alleine nicht zu leisten vermochte: die Garantie der äußeren und inneren Sicherheit sowie übergreifende Regelungen für die Wirtschaft, die Infrastruktur und das Polizeiwesen. Im wohlverstandenen Eigeninteresse implementierten Fürsten, Grafen und Städte in ihren Herrschaftsbereichen die Reichsgesetze, an deren Ausarbeitung sie auf dem Reichstag mitwirken konnten. Das Bewusstsein einer strukturellen Nichtangriffsfähigkeit des Reichs-Staates zählte darüber hinaus zu den festen Bestandteilen der zeitgenössischen politischen Kultur. Wie die Freiheitsvorstellungen oder die föderative Organisation politischer Herrschaft und Loyalitäten war sie ein gewichtiger Beitrag gegen die Idee und Praxis des zentralisierten Machtstaates. Die Publizisten profilierten Deutschland als ausgleichendes Zentrum Europas, das sich in keine fremden Kriege einmischen dürfe, um nicht einer Universalmonarchie Vorschub zu leisten. Ihre patriotische Rhetorik, das Kaisertum von allen abendländischen Aufgaben zu entlasten und nur an die Räson des deutschen Reichs-Staates zu binden, hat dessen Wiederaufstieg unter Leopold I. und den Zusammenhalt der Nation fraglos befördert.

Die Reichsstaatsrechtler versuchten unterdessen, die gängigen politischen Theorien in die Reichsverfassung hineinzuinterpretieren. Gestritten wurde über die Machtverteilung zwischen Kaiser und Reichsständen und über die Herleitung der ständischen Mitwirkungsrechte. Dabei spielte auch in Deutschland der Gedanke einer vom Volk abgeleiteten ständischen Legitimation eine wichtige Rolle. Während in Westeuropa die Idee der Volkssouveränität auf Dauer zu Verfassungswandel führte, wirkte sie in Deutschland konservierend: Hier waren die Rechte des Volks, der Stände und des Kaisers so austariert, dass sich daraus zwar nur wenige direkte Mitwirkungsmöglichkeiten der Repräsentierten ergaben, wohl aber institutionalisierte Möglichkeiten, die eigenen Vorstellungen durch Petitionen vorzubringen oder vor Gericht einzuklagen.

2. Die Nation im Krieg

Es war die Reichsverfassung, die den Reichs-Staat integrierte. Ob es darüber hinaus ein Bewusstsein des «Deutsch-Seins» gab, in das die Leid- und Opfererfahrungen dieses Krieges und die Bestimmungen dieses Friedens einflossen, ist eine schwierige, gleichwohl legitime Frage. In den Quellen steht «deutsch» als trennende und einende Zuschreibung, die sich auf alle Menschen deutscher Muttersprache, aber auch nur auf die Bewohner des Reichs-Staates beziehen kann. Die erste Variante deutet auf eine ethnisch-kulturelle, die zweite auf eine politische Nation. Für beide Fälle gilt, dass Nation nur sein kann, was sich als solche versteht, in dieser Form zusammenbleiben will und von außen entsprechend wahrgenommen wird.

Heinz Schilling betont die frühneuzeitliche europäische Allianz von Staatsbildung und Nationalidentität mit einer Konfession und setzt davon die Konfessionalisierung und den Dreißigjährigen Krieg in Deutschland als Verfestigung territorialer Staatlichkeit ab. Doch die multikonfessionelle Kultur hat hier trotz aller Konflikte und Abgrenzungen den Zusammenhalt der Nation auch beflügelt. Die barocke Kunst und Architektur sorgten in den katholischen, Sprache und Literatur in den protestantischen Milieus für Homogenisierungen. Beide Bereiche standen jedoch nicht beziehungslos nebeneinander, sondern überlagerten, durchdrangen und befruchteten sich gegenseitig. Darüber hinaus entwickelte sich mit der Ablehnung des Fremden, insbesondere des französischen Geschmacks in Mode, Sprache und Verhalten, während des Krieges ein einendes kulturelles Feindbild. So paradox das klingen mag: Obwohl der Kampf der Bekenntnisse in Deutschland viel Unruhe, verdeckte und offene Konflikte in das Verfassungsgefüge brachte, schuf die Konfessionalisierung auch noch im Dreißigjährigen Krieg neue Stabilität durch überterritoriale, prinzipiell für ganz Deutschland gültige Verklammerungen.

Die vielen Appelle an die deutsche Nation, die konfessionellen Streitigkeiten zugunsten der gemeinsamen «nationalen» Interessen zu überbrücken, um geeint die äußeren Feinde abzuwehren, aktualisierten den von Kaiser und Ständen repräsentierten föderativen Zusammenhang. Sie stärkten die vor allem von den Protestanten ausgehende, von Publizistik wie Barockdichtung mit dem einigenden Band der Muttersprache akzentuierte und eng verknüpfte Idee einer gemeinsamen Zugehörigkeit zur deutschen Nation über die Konfessionsgrenzen hinweg. Illustrierte Flugblätter und Flugschriften, Trostgedichte und Friedensaufrufe propagierten Eintracht und Einigkeit. Adressaten waren alle unter dem Krieg leidenden Deutschen, denen wegen ihrer Sünden und wegen ihres Abfalls von der germanisch-deutschen Tradition kollektiv die Schuld an der Misere zugewiesen wurde.

Poetisches und populäres Schrifttum wetterten unterdessen gegen fremde kulturelle Muster und präsentierten die heldenhaften Väter, die alten Sitten und Gebräuche sowie die altdeutsche Freiheit als Vorbild. Sie ließen die «Germania» den Deutschen ins Gewissen reden und markierten je nach Standpunkt die alten Feindbilder: Türken, Spanier und Franzosen, Papst, Kaiser und Jesuiten, auch Dänen und Schweden. Die deutsche Freiheit wurde neuerlich der spanischen Servitut gegenübergestellt. Die Angriffe gegen die Deutschen, die sich nicht auf ihr eigenes Wertesystem verpflichten lassen wollten, verbanden sich mit Tod und Zerstörung, Angst und Schrecken. Der Krieg hatte – so Daniel Czepko in seinem Gedichtfragment – Freiheit und Recht vernichtet, und bis der Frieden beides wiederherstellte, gab es kein deutsches Vaterland.

Die Einigkeitsappelle zielten auch auf die Neufundierung der deutschen Libertät. Dass der «freie Deutsche» unterjocht und zum «Sklaven» gemacht werde, war eine feste Argumentationsfigur, die gegen alle ausländischen und inländischen Gegner ins Feld geführt werden konnte. Die deutsche Freiheit bewährte sich immer dann, wenn es galt, tatsächliche oder vermeintliche despotische Gewalt rhetorisch in die Schranken zu weisen. In den Kriegen gegen Ludwig XIV. wurde die Freiheit in Deutschland, England oder den Niederlanden von der Unfreiheit im monarchisch regierten Frankreich abgesetzt. Die absolutistische Monarchie war der zu bekämpfende Störfall, weil ihr Expansionsdrang die freiheitlichen Gemeinwesen permanent bedrohe.

Obwohl im Krieg das nationale Bewusstsein auch in Schriften und Liedern beschworen wurde, die nicht nur die gelehrte Elite erreichten, ist dieser nicht als «teutscher Krieg» im kulturellen Gedächtnis haften geblieben. Dort ist selten Platz für Kriege, die weder heroische Abwehrkämpfe darstellen noch dem inneren Gegner das eigene Wertesystem dauerhaft aufzwingen konnten. Darüber hinaus gab es keine Kriegshelden, die zur nationalen Identifikation und Mythenbildung einluden. Die beiden Kaiser erscheinen als trennende katholische Protagonisten, Wallenstein stammte aus Mähren und Schiller hatte aus ihm keinen strahlenden Helden gemacht. Goethe schreckte vor einer Auseinandersetzung mit Herzog Bernhard von Weimar zurück. Der Jenaer Historiker Heinrich Luden (1780–1847) hatte ihm jedenfalls von seinem Vorhaben abgeraten. Auch die Schweden galten nach 1648 eher als Feinde der deutschen Nation. Erst im 19. Jahrhundert wurde Gustav II. Adolf als «Löwe aus Mitternacht», «Gothe» oder «Nordgermane» von der deutschen Öffentlichkeit (wieder)vereinnahmt. Diese Adoption eines fremden Herrschers und die willig akzeptierte rhetorische Zuweisung einer Opferrolle im Dreißigjährigen Krieg korrespondierte mit der nun verbindlichen Einschätzung, dass das Alte Reich seine nationalstaatliche Aufgabe nicht bewältigt habe. Die Idee des nationalen Machtstaates hielt das, was das frühneuzeitliche Reich deutscher Nation ausgezeichnet hatte, für bloße Schwäche.

Eintracht und Einigkeit hatten in Deutschland jedoch über den Krieg hinaus Inklusion, Duldung und Toleranz bedeutet. Die Einheit in der Vielheit führte zu zahllosen politischen, sozialen und kulturellen Fronten, die sich auch fortan nie zu einer einzigen Konfrontation überlagerten. *Den* Glaubenskrieg oder *den* Konflikt zwischen Peripherie und Zentrum, zwischen Land und Hof, zwischen Kaiser und Ständen, gemeinem Mann und Herrschaft hat es im frühneuzeitlichen Deutschland nicht gegeben. Zum «Trauma» des deutschen Volkes wurde der Dreißigjährige Krieg erst im 19. Jahrhundert, als auch dessen angebliche Opferrolle identitätsbildend genutzt wurde.

3. Die Rezeption des Friedens

Die Zeitgenossen feierten den Frieden: ad hoc, auf landesherrliche Verordnung, jährlich wiederkehrend. Die Friedensfeste erinnerten auch an den Krieg und an die nun überstandenen Grausamkeiten. Sie begründeten die allerdings oft erst im 19. Jahrhundert institutionalisierten lokalen Feste und Bräuche wie den Augsburger Friedenstag, die Oberammergauer Passionsspiele, den Meistertrunk in Rothenburg ob der Tauber oder das Hohnblasen auf Wallenstein in Stralsund (Schindling 2002, 186). Wie zuvor die Friedenssehnsucht erfuhr auch der Frieden eine nationale Deutung: «Teutscher Kriegs Ab- und Friedens Einzug». Vor 1800 galt der Westfälische Friede als unumstrittenes Fundament deutscher Staatlichkeit. Er bildete bei Friedensverträgen, Verhandlungen über die kaiserlichen Wahlkapitulationen oder in den Kurien des Regensburger Reichstags die alles entscheidende Richtschnur. Schiller hielt den Frieden für «das interessanteste und charaktervollste Werk der menschlichen Weisheit und Leidenschaft». So empfanden viele Zeitgenossen: Ihnen galt das deutsche Verfassungsgefüge trotz seiner offensichtlichen Mängel als eine im Großen und Ganzen harmonische und angemessene Grundordnung. Sie sahen in dem scheinbaren Chaos von Neben-, Unter- und Überordnung staatlicher und staatsähnlicher Gewalten ein System gegenseitiger Machtkontrolle, einen wirksamen Schutz vor Willkürherrschaft und einen Garanten für Frieden, Recht und gesetzmäßige Freiheit. Schiller selbst erlebte aber noch den schnellen Zerfall dieser Ordnung. Im Prolog zum Wallenstein setzte er dem Frieden ein Denkmal:

> «Zerfallen sehen wir in diesen Tagen
> Die alte feste Form, die einst vor hundert
> Und funfzig Jahren ein willkommner Friede
> Europens Reichen gab, die teure Frucht
> Von dreißig jammervollen Kriegsjahren.»

Auch außerhalb Deutschlands galten die Verträge von Münster und Osnabrück bis ins 19. Jahrhundert hinein als Meisterwerke der Diplomatie und der internationalen Konfliktregulierung – ein erster Durchbruch auf dem Weg zum ewigen Frieden. Dann aber folgte die bis heute wirksame Umwertung. Die Apologeten des mächtigen Nationalstaats gaben dem Westfälischen Frieden die Schuld an der ihres Erachtens trostlosen machtpolitischen Lage Deutschlands: Auf Betreiben Frankreichs sei das europäische Staatensystem 1648 auf der Basis der deutschen Zersplitterung und Ohnmacht errichtet worden. Der Frieden wurde so zum politischen Argument für den starken souveränen nationalen Machtstaat preußischer Prägung, der Deutschland seinen Platz in Europa und in der Welt sichern sollte, um die Schmach von 1648 zu tilgen.

Die deutsche Geschichtsschreibung hat dieses Verdikt immer wieder erneuert und war sich in ihrer negativen Bewertung lange einig: Das frühzeitig unregierbar gewordene Reich wurde mit der staatlichen Kleinteiligkeit im Westfälischen Frieden nicht nur aller nationalstaatlichen Entwicklungsansätze beraubt, sondern überhaupt als ein zielgerichtet handlungsfähiges Gemeinwesen zerschlagen. Fortschritt und Dynamik in der deutschen Staatswerdung verkörperten von nun an nur noch die der lästigen Fesseln des Reichsverbandes enthobenen großen Territorialstaaten – allen voran Brandenburg-Preußen. Der angebliche Funktionsverlust des Habsburger Reichsoberhaupts 1648 wurde als erster folgenschwerer Schritt auf dem Weg zur kleindeutschen Staatsgründung gedeutet. Im 20. Jahrhundert verglichen Historiker dann sogar den Westfälischen unmittelbar mit dem Versailler Frieden von 1919 – und sie taten dies in der Perspektive deutscher Erniedrigung. Solche Deutungen sind heute überholt, doch es ist bisher nicht gelungen, sie aus dem öffentlichen wie dem veröffentlichten Bewusstsein zu verdrängen.

Dafür hat der Frieden im Bereich der internationalen Beziehungen Karriere gemacht. Er gilt als Ausgangspunkt einer auf Souveränität und Gleichrangigkeit basierenden europäischen Staatenbalance. Auch wenn diese Sicht den Quellen nicht unbedingt standhält, vermittelt sie doch etwas von dem Geist der Friedensverhandlungen in Münster und Osnabrück. Hier wurde in der Tat diplomatisches, aber auch staats- und völkerrechtliches Neuland betreten, damit die europäischen Monarchien und Republiken miteinander verhandeln konnten.

Nachwort

Die vollständige Überarbeitung dieses kurzen Buches über einen langen Krieg spiegelt den Fortgang der Forschung, ohne den Umfang wesentlich zu erweitern. Die Gliederung und der Essay-Charakter wurden bewahrt. Neben neuen Details wird vor allem die politische Bedeutung des Krieges und des Friedens heute ein wenig anders bewertet als noch vor 15 Jahren, als dieses Bändchen in erster Auflage erschien. Der Versuch, den Dreißigjährigen Krieg und den Westfälischen Frieden als integrierende Faktoren der deutschen Geschichte zu begreifen, musste trotz der europäischen Perspektiven, die mit der großen Doppelausstellung in Münster und Osnabrück 1998 festgeschrieben werden sollten, nicht grundsätzlich revidiert werden.

Gerade die verheerenden Folgen des übersteigerten deutschen Nationalstaates einer- und die europäische Integration andererseits lassen die flexible Mehrebenenstaatlichkeit des Alten Reiches in einem neuen Licht erscheinen: kein Modell, aber die föderative deutsche Variante der europäischen Staatsbildungsprozesse, die selbst tiefgreifende Konfrontationen wie die Reformation und den Dreißigjährigen Krieg überstand. Der komplementäre Reichs-Staat war möglicherweise «moderner» als seine Nachbarn, auch wenn ihn dies nicht vor dem Untergang bewahrte.

Meinen Mitarbeiterinnen und Mitarbeitern sowie den Jenenser Studentinnen und Studenten, die manch ungewohnte These diskutierten, möchte ich für viele Anregungen ebenso danken wie dem «Erfahrungsraum» Jena insgesamt. Die Neuauflage wurde kritisch und korrigierend begleitet von Dr. Kathrin Barth, Dr. Andreas Klinger, Peter Langen, Christiane Hentschel und Christoph Nonnast (alle Jena), und sie lag bei Herrn Dr. Detlef Felken vom Verlag C.H. Beck wiederum in besten Händen.

Jena, im Februar 2010 *Georg Schmidt*

Literaturverzeichnis

Vorbemerkung

Im Folgenden kann nur ein Bruchteil des einschlägigen Schrifttums vorgestellt werden. Für die Auswahl sind zwei Gesichtspunkte maßgeblich: Zum einen werden bibliographische Angaben zu im Text genannten Autoren nachgereicht, zum anderen neuere Darstellungen vorrangig präsentiert.

I. Quellenpublikationen

Zwar gibt es die alle Aspekte berücksichtigende Zusammenstellung einschlägiger Dokumente zur Geschichte des Dreißigjährigen Krieges nicht, doch die beiden von *Gottfried Lorenz* in der Reihe *Ausgewählte Quellen zur deutschen Geschichte der Neuzeit* betreuten Bände *Quellen zur Vorgeschichte und zu den Anfängen des Dreißigjährigen Krieges* und *Quellen zur Geschichte Wallensteins,* Darmstadt 1991 und 1987, kommen diesem Ziel nahe. Anhand einer leicht nachvollziehbaren Auswahl einschlägiger Texte bieten sie eine instruktive Grundlage zur Reichs- und Kriegsgeschichte von der Gründung der Religionsbündnisse (1608) bis zur Ermordung Wallensteins (1634). Der neue, von Josef J. Schmid bearbeitete Band dieser Reihe *Zwischen Prager Frieden und Westfälischem Frieden* (2009) bietet dagegen zahlreiche Dokumente im Wiederabdruck, ohne eigenständiges Profil zu gewinnen. Der von *Bernd Roeck* 1996 herausgegebene 4. Band der *Deutsche[n] Geschichte in Quellen und Darstellungen,* der viele wichtige Dokumente kurz kommentiert und in Auszügen druckt, ist zu einem nützlichen Hilfsmittel vor allem für die Lehre geworden.

An die historische Forschung im engeren Sinne wenden sich die großen Quellenpublikationen wie die noch von der *Tschechoslowakischen Akademie der Wissenschaften* zwischen 1971 und 1981 herausgegebenen sieben Bände der auf Böhmen und die habsburgische Politik konzentrierten *Documenta Bohemica bellum tricennale illustrantia* oder die seit 1870 von der *Historischen Kommission bei der königlichen Akademie der Wissenschaften* in München publizierten *Briefe und Akten zur Geschichte des dreißigjährigen Krieges in den Zeiten des vorwaltenden Einflusses der Wittelsbacher.* Letztere haben ihre Fortsetzung in den seit 1907 herausgegebenen *Briefe[n] und Akten zur Geschichte des Dreißigjährigen Krieges, Neue Folge* gefunden, die sich vorrangig mit der Politik Maximilians zwischen 1618 und 1651 beschäftigen. In dieser Reihe erschien als Bd. 10 (1997) die von *Kathrin Bierther* umsichtig besorgte Edition der Quellen zum *Prager Frieden von 1635*. Unverzichtbar sind inzwischen die *Acta Pacis Westphalicae.* Sie werden in drei Serien (I: Instruktionen, II: Korrespondenzen, III: Protokolle, Verhandlungsakten, Diarien, Varia) mit jeweils mehreren Abteilungen in einer für ein solches Großprojekt ungewöhnlich dichten Folge publiziert und bieten erstmals die Möglichkeit, den Gang der Friedensverhandlungen nachzuvollziehen.

Die Friedensverträge selbst sind leicht zugänglich in *Arno Buschmanns* Sammlung *Kaiser und Reich.* Zeitgenössische Impressionen anhand meist erzählender Quellen finden sich in dem von *Hans Jessen* 1963 besorgten Band Der *Dreißigjährige Krieg in Augenzeugenberichten.* Eine beschränkte Auswahl stark gekürzter Texte bietet der von *Fritz Dickmann* bearbeitete und 1966 erschienene 3. Band der Reihe «Geschichte in Quellen» *Renaissance, Glaubenskämpfe, Absolutismus.* Als wichtige zeitgenössische

Illustration alltäglicher Kriegssituationen ist der Roman von *Hans Jakob Christoffel von Grimmelshausen, Abenteuerlicher Simplicius Simplicissimus* zu nennen. Das von *Jan Peters* 1993 edierte Tagebuch *Ein Söldnerleben im Dreißigjährigen Krieg* berichtet unaufgeregt vom alltäglichen Leben und den Schwierigkeiten in den großen Heeren. Für die Mentalitätsgeschichte aussagekräftiger sind die von *Gerd Zillhardt* 1975 unter dem *Titel Der Dreißigjährige Krieg in zeitgenössischer Darstellung. Hans Heberles «Zeytregister» (1618–1672). Aufzeichnungen aus dem Ulmer Territorium* vorgelegten Lebenserinnerungen eines Schusters, die über Details der Not und Freuden des täglichen Lebens ebenso berichten wie über viele Fluchten vor den Soldaten. Weitere *Selbstzeugnisse der Zeit des Dreißigjährigen Krieges* (1997) kommentiert *Benigna von Krusenstjern.*

Für die Wahrnehmungsgeschichte, aber auch für die politische Kultur vermitteln die massenhaft vertriebenen (illustrierten) Flugblätter sowie die billig verkauften, oft in mehreren Auflagen gedruckten Flugschriften und die populären Lieder bedeutsame Einsichten. Wie die öffentlichen politischen Symbole (Doppeladler) erreichten sie den gemeinen Mann und beeinflussten dessen Vorstellungen. Wegen ihrer leichten Zugänglichkeit auf Microfiche bleibt die ältere *Flugschriftensammlung Gustav Freytag* (FGF) einschlägig. Dies umso mehr als das Verzeichnis der im deutschen Sprachraum erschienenen Drucke des 17. Jahrhunderts (VD 17) im Internet unter *http://www.vd17.de* unvollständig geblieben ist und nur bis zu drei Seiten des jeweiligen Textes bietet. Im Internet sind inzwischen zahlreiche Texte und bildliche Quellen einschließlich der Friedensverträge auf unterschiedlichen Seiten in teilweise vorzüglichen Editionen, teilweise aber auch in bloßen Wiederabdrucken zugänglich. Eine Zusammenführung dieses Materials fehlt. Während die Geschichtsschreibung das Gelegenheitsschrifttum erst langsam (wieder)entdeckt, haben die Germanisten *Wolfgang Harms* und *Michael Schilling* seit 1980 inzwischen fünf Bände *Deutsche illustrierte Flugblätter des 16. und 17. Jahrhunderts* in einer vorbildlich kommentierten Ausgabe vorgelegt. Zu verweisen ist aber auch auf *John Roger Paas, The German Political Broadsheet, 1600–1700.*

II. Literatur

1. Gesamtdarstellungen

Ein Jenaer Historiker muss seinen Literaturbericht mit *Friedrich Schiller, Geschichte des Dreißigjährigen Kriegs* beginnen. Mit dem hier in Szene gesetzten doppelten Freiheitskampf des Reiches und Europas ist das Werk ein wichtiges Dokument des Zeitgeistes und eine heute wieder anregende Lektüre. Auch die ungemein dichte Beschreibung in der *Deutsche[n] Geschichte im Zeitalter der Gegenreformation und des Dreißigjährigen Krieges*, die *Moriz Ritter* zwischen 1889 und 1908 in drei Bänden vorlegte, bleibt als Zeugnis gelungener politischer Geschichtsschreibung unentbehrlich. Ihre kompakte, zudem literarisch ambitionierte Darstellung *Der Dreißigjährige Krieg* (*Original: The Thirty Years War,* 1938) hat *C. V. Wedgwoods* Buch zu einem Standardwerk werden lassen. Es bietet eine gelungene Mischung aus wissenschaftlicher Analyse und der hohen Kunst, historische Abläufe zu erzählen. Dem 1967 nur ein Jahr nach dem englischen Original in deutscher Sprache veröffentlichten Essay *von Siegfried H. Steinberg, Der Dreißigjährige Krieg und der Kampf um die Vorherrschaft in Europa* verdankt die Forschung viele Anregungen. Sein Versuch, die gängige Auffassung zu widerlegen, dass der Krieg für die deutsche Geschichte eine tiefe Zäsur gewesen sei, ist allerdings von der Forschung als überzogen zurückgewiesen worden.

J. V. Polišenský betont in seiner 1971 auf deutsch erschienenen Synthese *Der Krieg und die Gesellschaft in Europa 1618–1648* insbesondere die böhmische und habsburgische Politik und deren Rückwirkungen auf die europäischen Mächte. Zusammen mit *Frederick Snider* hat der gleiche Autor 1978 unter dem Titel *War and Society in Europe 1618–1648* eine problemorientierte Einführung in die Literatur und die böhmischen Quellen zum Dreißigjährigen Krieg vorgelegt. Im gleichen Jahr erschien die *Kulturgeschichte des 30 jährigen Krieges* von *Herbert Langer*, die zugleich eine Sozialgeschichte dieses Krieges ist. Sie verbindet das Spannungsgefüge der feudalen Gesellschaft mit der Kriegssituation, wobei die Kapitel zum Leben der Soldaten und zu ihrem Kleinkrieg mit den Bauern herausragen.

Die kultur- und militärgeschichtlichen Hintergründe sind auch ein wichtiger Teil des von *Geoffrey Parker* zusammen mit neun Koautoren verfassten, 1984 im englischen Original und 1987 auf Deutsch erschienenen Werkes *Der Dreißigjährige Krieg*. Hier werden zahlreiche Aspekte bis hin zur Kriegstaktik und den sozial- und wirtschaftsgeschichtlichen Konsequenzen behandelt. Einfluss und Wirksamkeit der außerdeutschen Mächte (England, Frankreich, Schweden, Spanien) sind überschaubarer dargestellt, als dies bei vergleichbaren anderen Synthesen der Fall ist. Die 1985 veröffentlichten Monographien von *Günter Barudio, Der Teutsche Krieg 1618–1648* und von *Gerhard Schormann, Der Dreißigjährige Krieg* bieten Gesamtübersichten der Ereignisgeschichte. Barudios Titel besitzt jedoch programmatischen Charakter, denn er weist nach, dass der Krieg ein auf Deutschland bezogenes Ereignis und ein Kampf um das von den Reichsständen repräsentierte Prinzip der Freiheit war. Schormann informiert auf knapp 150 Seiten über das Kriegsgeschehen und einige Forschungskontroversen. Dies gilt auch für die 2001 an repräsentativem Ort (Band 10 der 10. Auflage des *Gebhardt. Handbuch der deutschen Geschichte*) erschienene Zusammenfassung aus seiner Feder.

Johannes Burkhardt schrieb 1992 trotz des Titels *Der Dreißigjährige Krieg* weniger eine Synthese als eine Begründung für seine These, dass die Geschehnisse zwischen 1618 und 1648 als Akkumulation von Staatsbildungskriegen zu verstehen seien. Seine scharfsinnigen Deutungen haben die Forschung stimuliert und der politischen Geschichtsschreibung zu Krieg und Frieden neue Bahnen gewiesen. *Ronald G. Asch* überzeugte 1997 mit seinem *The Thirty Years War* wegen der eindringlichen Analyse wirtschaftlich-finanzieller Verflechtungen und des weiten europäischen Interpretationshorizontes. *Peter Englund* hat mit seiner erzählerischen Darstellung *Die Verwüstung Deutschlands* (1998) nicht alle Kritiker überzeugen können. Dagegen vermittelt *Helmut Lahrkamp, Dreißigjähriger Krieg und Westfälischer Frieden* ein recht anschauliches Bild des Geschehens. An ein breites Publikum wendet sich seit 2003 der von *Hans-Christian Huf* herausgegebene Band *Mit Gottes Segen in die Hölle* (2003), der die Leser mit kurzen pointierten Texten in ein «zerrissenes Deutschland» führen will.

Christoph Kampmann hat 2008 eine umfassende Darstellung, *Europa und das Reich im Dreißigjährigen Krieg. Geschichte eines europäischen Konflikts*, im Stil der älteren Politikgeschichte vorgelegt. Sie ist auf die deutschen Verhältnisse konzentriert und wird insofern der titelgebenden These eines europäischen Geschehens nur bedingt gerecht. Zudem vermisst der Leser kultur- oder gesellschaftsgeschichtliche Perspektiven. Das gilt letztlich auch für *Johannes Arndt, Der Dreißigjährige Krieg 1618–1648* (2009), der jedoch mit einem kurzen Kapitel über die Druckmedien einen neuen Akzent setzt. *Peter H. Wilson* erzählt dagegen die Geschichte dieses Krieges unter dem Titel *Europe's Tragedy. A History of the Thirty Years War* (2009) in großer Dichte. Im Mittelpunkt seines monumentalen Werkes stehen ein detailreicher Überblick zu den politischen und religiösen Ursachen und Entwicklungen sowie viele Details zu den einzelnen Schlachten, zu Strategie, Taktik und Logistik. Die Geschichtserzählung des von ihm als mitteleuropäisch charakterisierten Krieges berichtet, wie es war oder wie es hätte gewesen sein können.

Zusammenfassende Überblicke zum Dreißigjährigen Krieg finden sich zudem in allen Darstellungen zur frühneuzeitlichen deutschen und europäischen Geschichte. *Josef Engel* hat 1971 im 3. Band des *Handbuch der europäischen Geschichte* den Krieg im Rahmen und aus der Sicht der einzelnen europäischen Länder behandelt und dabei bewusst auf den Begriff «Dreißigjähriger Krieg» verzichtet. Seine Europäisierung des Kriegsgeschehens lehnt sich an das ältere Deutungskonzept «allgemeine Krise des 17. Jahrhunderts» an, das sich in Deutschland aber nie durchgesetzt hat. *Martin Heckels* 1983 publizierter Epochenüberblick aus der Sicht des Staats- und Kirchenrechts, *Deutschland im konfessionellen Zeitalter*, ist auf breite Zustimmung gestoßen. Dies gilt auch für die umfassenden Interpretationsangebote, die *Heinz Schilling, Aufbruch und Krise. Deutschland 1517–1648* (1988) und *Volker Press, Kriege und Krisen. Deutschland 1600–1715* (1991) vorgelegt haben. Schilling sieht den Krieg als Teil und Folge von Konfessionalisierung und frühmoderner Staatsbildung. Press betont in seiner die sozialen und politischen Verhältnisse analysierenden Synthese die Krise des politischen Systems in Deutschland, die erst mit dem Westfälischen Frieden behoben worden sei.

2. Ausgewählte neuere Aufsatzsammlungen

Als Folge des Gedenkjahrs 1998 erschienen zahlreiche Tagungsberichte und Aufsatzsammlungen. Hervorzuheben sind der von *Klaus Bußmann* und *Heinz Schilling* 1998 herausgegebene dreibändige Ausstellungskatalog *1648 – Krieg und Frieden in Europa* sowie der im gleichen Jahr erschienene, von *Heinz Duchhardt* edierte Sammelband *Der Westfälische Friede*. Während der Katalog in mehr als hundert Beiträgen über nahezu alle denkbaren Facetten von Krieg und Frieden unterrichtet und vorzügliches Bildmaterial präsentiert, liegt bei Duchhardt das Schwergewicht auf Studien über die am Friedenskongress beteiligten Länder. 2001 ist diesen Werken ein von *Ronald G. Asch, Wulf Eckart Voß* und *Martin Wrede* zusammengestellter ähnlich voluminöser Tagungsband zur Seite gestellt worden, dem ein weiterer mit literatur- und kunsthistorischen Schwerpunkten folgte. Trotz des Titels *Frieden und Krieg in der Frühen Neuzeit. Die europäische Staatenordnung und die außereuropäische Welt* behandeln die meisten Beiträge den Dreißigjährigen Krieg und die Folgen der Friedensschlüsse von 1648. Dies gilt auch für zwei 1999 publizierte staatsrechtliche Aufsatzsammlungen: *Meinhard Schröder (Hg.), 350 Jahre Westfälischer Friede* sowie *Der Westfälische Frieden in rechts- und staatstheoretischer Perspektive (= Sonderheft der Zeitschrift Rechtstheorie)*. Der von *Horst Lademacher* und *Simon Groenveld* 1998 herausgegebene Sammelband *Krieg und Kultur* vergleicht die Entwicklung in den Niederlanden und in Deutschland, wobei für eine Kriegsgeschichte eher ungewohnte Themen wie Nation, Recht, Malerei, Literatur oder Musik im Mittelpunkt stehen. Die einschlägigen Arbeiten *Konrad Repgens* sind seit 1998 in einer umfassenden Aufsatzsammlung *Dreißigjähriger Krieg und Westfälischer Friede* leicht zugänglich. Zudem gehören die von ihm 1981 bzw. 1988 herausgegebenen Sammelbände *Forschungen und Quellen zur Geschichte des Dreißigjährigen Krieges* und *Krieg und Politik 1618–1648* ebenso zu den Standardwerken wie der von *Hans Ulrich Rudolf* 1977 besorgte Sammelband *Der Dreißigjährige Krieg*.

Gesellschafts- und kulturgeschichtliche Probleme stehen im Zentrum der beiden 2000 bzw. 2001 publizierten Bände, die sich mit dem Schicksal zweier Metropolen beschäftigen: *Martin Knauer* und *Sven Tode (Hgg.), Der Krieg vor den Toren. Hamburg im Dreißigjährigen Krieg 1618–1648* sowie *Andreas Weigl (Hg.), Wien im Dreißigjährigen Krieg*. Die Aufsätze modifizieren die bisherigen Einschätzungen, beide Städte seien mit dem Krieg kaum in Berührung gekommen und hätten von ihm nur profitiert. Sie belegen aber auch, dass und wie Handel und Wandel, Feste und Feiern während des Krieges weitergingen.

3. Einzelfragen

Der Krieg und die Krise des 17. Jahrhunderts
Zur Einführung eignen sich die beiden älteren 1965 bzw. 1978 erschienenen Sammelbände *Trevor Ashton (Hg.), Crisis in Europe 1560–1660* und *Geoffrey Parker/Lesley M. Smith (Hg.), The General Crisis of the Seventeenth Century* sowie die zusammenfassenden Interpretationen von *Miroslav Hroch/Josef Petrán, Das 17. Jahrhundert. Krise der feudalen Gesellschaft* (1981) und von *Helmut G. Koenigsberger, Die Krise des 17. Jahrhunderts*, in: *Zeitschrift für Historische Forschung* (1982). Die wichtigste Zusammenfassung der Folgen dieser Diskussion für Deutschland bietet *Sheilagh C. Ogilvie, Germany and the seventeenth Century Crisis*, in: *The Historical Journal* (1992).

Die sozialen und wirtschaftlichen Hintergründe der allgemeinen Krise beleuchtet *Wilhelm Abel* in seinem reichhaltigen statistischen Material mit einer eindringlichen Beschreibung der Not verknüpfenden Meisterwerk von 1974 *Massenarmut und Hungerkrisen im vorindustriellen Europa. Wolfgang Behringer* hat 2005 einen Sammelband unter dem Titel *Kulturelle Konsequenzen der ‹Kleinen Eiszeit›* herausgegeben, in dem die Erklärungsmuster der Zeitgenossen zusammengetragen und kommentiert werden. Die Kipper- und Wipperunruhen beleuchtet *Herbert Langer* in seinem Beitrag zum 1983 in Berlin (DDR) erschienenen 3. Band der *Deutsche[n] Geschichte. Ulrich Rosseaux, Die Kipper und Wipper als publizistisches Ereignis (1620–1625)* (2001) beschäftigt sich hingegen vorrangig mit Formen der öffentlichen Kommunikation. Der Interpretationsansatz «sittliche Ökonomie» geht zurück auf *Edward P. Thompson*, dessen bahnbrechende Studie aus dem Jahre 1971 in seinem Sammelband *Plebeische Kultur und moralische Ökonomie* seit 1980 leicht zugänglich ist.

Zu den gesellschaftlichen Konflikten um 1600 existieren zwar eine Fülle neuerer Detailstudien, doch selbst der Forschungsüberblick *Peter Blickles* von 1988, *Unruhen in der ständischen Gesellschaft 1300–1800*, verzichtet auf die Darstellung und Bewertung von Hungerrevolten, Religionskonflikten oder Hexenverfolgungen. Ausgehend von den eher spontanen Hungerunruhen und unter Berücksichtigung der meist auf dem Rechtsweg ausgetragenen sozialen Auseinandersetzungen beurteilt *Georg Schmidt* das Konfliktverhalten im frühneuzeitlichen Deutschland: *Die frühneuzeitlichen Hungerrevolten. Soziale Konflikte und Wirtschaftspolitik im Alten Reich* (in: *Zeitschrift für Historische Forschung* 1991). Aus der vielfältigen, meist regionalgeschichtlich akzentuierten Literatur zum Hexenwahn ragen noch immer die damals bahnbrechenden, weil mit vielen Vorurteilen aufräumenden Untersuchungen von *H. C. Erik Midelfort, Witch Hunting in Southwest Germany 1562–1648* (1972) und *Wolfgang Behringer, Hexenverfolgungen in Bayern. Volksmagie, Glaubenseifer und Staatsräson in der Frühen Neuzeit* (1987) sowie *Gunther Franz/Franz Irsigler (Hgg.), Methoden und Konzepte der historischen Hexenforschung* (1998) heraus.

Religion und Konfession
Die ältere Konfessionalisierungsdebatte ist eng mit den Namen *Heinz Schilling* und *Wolfgang Reinhard* verbunden. Die intensive Diskussion wird nach wie vor geprägt von Schillings 1988 in der *Historischen Zeitschrift* publiziertem Aufsatz *Die Konfessionalisierung im Reich.* Neben den als *Schriften des Vereins für Reformationsgeschichte* 1986, 1992 und 1995 erschienenen drei Konfessionalisierungsbänden hat *Heinrich Richard Schmidt* 1992 mit seinem Forschungsüberblick *Konfessionalisierung im 16. Jahrhundert* neue Akzente gesetzt, die er in einigen Aufsätzen und in Auseinandersetzung mit den Einschätzungen Schillings präzisierte. Er wendet sich insbesondere gegen eine zu enge Verzahnung der Staatsbildung «von oben» mit der Konfessionalisie-

rung. *Die Territorien des Reichs im Zeitalter der Reformation und Konfessionalisierung* ist eine zwischen 1989 und 1997 von *Anton Schindling* und *Walter Ziegler* herausgegebene siebenbändige Aufsatzsammlung, die den vom Reich geprägten mitteleuropäischen Raum unter dem Aspekt der Konfessionalisierung behandelt. Sie wird mit Blick auf Europa fortgesetzt.

Thomas Kaufmann hat 1998 unter dem Titel *Dreißigjähriger Krieg und Westfälischer Frieden* eine Studie zur lutherischen Konfessionskultur vorgelegt, die sich vor allem auf die Auswertung von Predigten und Druckschriften stützt. *Heilsgeschichtliche Deutungsmuster in der Publizistik des Dreißigjährigen Krieges* wurden 1991 von *Sylvia Serena Tschopp* untersucht. Zentral für religiös gedeutete Kriegserfahrungen ist der von *Matthias Asche* und *Anton Schindling* 2001 herausgegebene Sammelband *Das Strafgericht Gottes*, wobei insbesondere Schindlings Einleitung eine Fülle neuer Einsichten bietet. Eine europäisch-komparatistisch angelegte, die theologisch-dogmatischen Aspekte berücksichtigende Zusammenfassung der Forschung bietet das 2000 erschienene Werk *Ernst Kochs, Das konfessionelle Zeitalter – Katholizismus, Luthertum, Calvinismus (1563–1675)*. *Michael Maurer* legte 1999 einen Forschungsüberblick zu *Kirche, Staat und Gesellschaft im 17. und 18. Jahrhundert* vor.

Die These von der Parallelität von Konfessions- und Staatsbildung in allen Ländern des frühneuzeitlichen Europa betont *Heinz Schilling* seit 1991: *Nationale Identität und Konfession in der europäischen Neuzeit, in: Bernhard Giesen (Hg.), Nationale und kulturelle Identität.* Während er in der durch die einheitliche Konfession bedingten Verfestigung der deutschen Territorialstaaten eine Art Sonderentwicklung zu Lasten des Reiches sieht, hat *Georg Schmidt* auch auf die für das Reich integrierenden Folgen der Konfessionalisierung hingewiesen (*in: Schindling/Ziegler, Die Territorien des Reichs, Bd. 7*). Schilling hat 2005 einen von ihm betreuten Sammelband unter dem programmatischen Titel *Konfessioneller Fundamentalismus* erscheinen lassen. In seiner 2007 im Rahmen des Handbuchs der Geschichte der Internationalen Beziehungen erschienenen Synthese *Konfessionalisierung und Staatsinteressen 1559–1660* exemplifiziert er seine älteren Thesen und sieht im Dreißigjährigen Krieg nun ein Inferno, durch das Europa (oder nur Deutschland?) gehen musste, um danach den Weg der Zivilisation beschreiten zu können. *Maximilian Lanzinner* betont hingegen 2001 in *Konfessionelles Zeitalter* (in: *Gebhardt, Bd. 10*) die große Bedeutung und integrierende Wirkung des Augsburger Religionsfriedens. Seit den 1580er Jahren habe jedoch die konfessionelle Polarisierung zugenommen und zum Verfall der Reichsverfassung sowie schließlich zum Krieg geführt.

Das Deutungsmuster «Konfessionalisierung» ist mehrfach kritisiert worden. *Luise Schorn-Schütte* bemängelte 1999 in ihrem Aufsatz *Konfessionalisierung als wissenschaftliches Paradigma* die unterbliebene Präzisierung, was in diesem Kontext frühneuzeitliche Modernisierung bedeuten könne (in: *Joachim Bahlcke* und *Arno Strohmeyer (Hgg.), Konfessionalisierung in Ostmitteleuropa)*. *Walter Ziegler* sprach im gleichen Band davon, dass es keine katholische Konfessionalisierung gegeben habe, weil die katholische Kirche keinen Bruch oder Neubeginn kenne. *Wolfgang Reinhard* hat ebenda die meisten Einwände zurückgewiesen, doch die Diskussion um die Tragfähigkeit dieses über ein Jahrzehnt prägenden Deutungsmusters geht weiter. Hinzuweisen ist u. a. auf die Fallstudie von *Frank Kleinhagebrock, Die Grafschaft Hohenlohe im Dreißigjährigen Krieg* (2003), die sich der erfahrungsgeschichtlichen Dimension des Geschehens aus dem Blickwinkel von Untertanen, Pfarrern und Obrigkeit zuwendet.

Die «Verhärtungen» im Zeitalter der Konfessionalisierung führten jedoch schon im 16. Jahrhundert nicht nur in Westeuropa, sondern auch in Deutschland zu den 1648 ansatzweise verwirklichten Überlegungen, die individuelle Gewissensfreiheit zu verankern: *Ronald G. Asch, «Denn es sind ja die Deutschen ... ein frey volk»*, in: *West-*

fälische Zeitschrift (1998) und *Winfried Schulze, Pluralismus als Bedrohung: Toleranz als Lösung,* in: *Duchhardt, Friede* (1998). Im multikonfessionellen Deutschland wurde der in Europa weit verbreitete Irrweg vermieden, die Nationsbildung an eine Konfession zu binden. *Georg Schmidt, Die frühneuzeitliche Idee «deutsche Nation»: Mehrkonfessionalität und säkulare Werte,* in: *Gerhard Haupt* und *Dieter Langewiesche (Hgg.), Religion und Nation in der deutschen Geschichte* (2001).

Das Reich
Die verfassungsgeschichtliche Situation im frühneuzeitlichen Reich wird dargestellt bei *Dietmar Willoweit, Deutsche Verfassungsgeschichte* (zuerst 1990, jetzt 6. Aufl. 2009). Einen von den Institutionen der Reichsverfassung ausgehenden Überblick bieten *Helmut Neuhaus, Das Reich in der Frühen Neuzeit* (1997) sowie *Ders./Klaus Herbers* mit dem hervorragend bebilderten Band *Das Heilige Römische Reich* (2006). *Winfried Dotzauers* ausführlicher, 1998 veröffentlichter Überblick *Die deutschen Reichskreise (1383–1806)* zeigt die große soziale und wirtschaftliche Bedeutung dieser oft unterschätzten Untergliederung. Zur zeitgenössischen staatsrechtlichen Diskussion um den Charakter des Reiches sind neben *Michael Stolleis, Geschichte des öffentlichen Rechts in Deutschland, Bd. 1* (1988) vor allem die von *Karl Otmar Freiherr von Aretin* und *Notker Hammerstein* verfassten Teile des Artikels *Reich* im 5. Band der *Geschichtlichen Grundbegriffe* heranzuziehen. *Wolfgang Burgdorf* stützt seine wegweisende Analyse *Reichskonstitution und Nation* (1998) insbesondere auf das politische Gelegenheitsschrifttum.

Adam Wandruszka, Reichspatriotismus und Reichspolitik zur Zeit des Prager Friedens von 1635 (1955) unterstellt den Habsburgern die seitdem intensiv diskutierte Absicht, sie hätten die Reichsverfassung in Richtung auf eine Monarchie fortentwickeln wollen. Diese Beobachtung hat er mit dem Begriff «Reichsabsolutismus» und mit der These einer denkbaren deutschen Nationalstaatsbildung zugespitzt. Dagegen wandte sich *Heiner Haan* in seiner Monographie *Der Regensburger Kurfürstentag von 1636–1637* (1967) sowie in seinem Aufsatz *Kaiser Ferdinand II. und das Problem des Reichsabsolutismus*, der in *Rudolf, Der Dreißigjährige Krieg* (1977) wieder abgedruckt ist. Dass ein funktionierender Prager Frieden die kaiserliche Position gestärkt hätte, steht außer Frage. *Michael Kaiser* hat daher gefordert, in ihm nicht länger eine misslungene Generalprobe des Westfälischen Friedens zu sehen, sondern ihn als Weg in die richtige Richtung neu zu würdigen (*Der Prager Frieden von 1635*, in: *Zeitschrift für Historische Forschung* 2001).

Das mit Hilfe systemtheoretischer Überlegungen von *Volker Press* in den siebziger Jahren entwickelte neue Bild des Alten Reiches (*Das römisch-deutsche Reich – ein politisches System in verfassungs- und sozialgeschichtlicher Fragestellung,* in: *Ders., Das Alte Reich. Ausgewählte Aufsätze, 1997*) stimuliert die Forschung bis heute. Die Auffassung, dass das Heilige Römische Reich deutscher Nation ein mit anderen europäischen Ländern vergleichbarer Staat («System komplementärer Staatlichkeit», «komplementärer Reichs-Staat» – *Georg Schmidt, Geschichte des Alten Reiches,* 1999) gewesen sei, ist von *Heinz Schilling* 2001 in der Historischen Zeitschrift vehement zurückgewiesen worden (vgl. dazu auch die Erwiderung von *Schmidt*, ebenda). Diese Kontroverse wird in dem von *Matthias Schnettger* herausgegebenen Sammelband *Imperium Romanum – irregulare corpus – Teutscher Reichs-Staat* (2002) aufgegriffen und prägt auch die kurzen Essays des *Lesebuch[s] Altes Reich* mit, das *Stephan Wendehorst* und *Siegrid Westphal* 2006 herausgegeben haben. Die Debatte ist für den Dreißigjährigen Krieg insofern wichtig, als die Rettung der deutschen Freiheit und Einheit viele Kriegs- und Friedensinitiativen trug. Vgl. dazu auch *Axel Gotthard, Das Alte Reich 1495–1806* (zuerst 2003), *Peter Claus Hartmann, Das Heilige Römische Reich deutscher Nation* (2005) und *Barbara Stollberg-Rilinger, Das Heilige Römische Reich deutscher Nation* (2006), die hier eine Zusammenfassung der Forschung vorlegt. Darüber hinaus bieten die Essays in dem Ausstellungskatalog *Altes Reich und neue Staaten 1495 bis 1806* (2006) einen repräsentativen Überblick zur neueren Reichsforschung.

Die deutsche Nation

Johannes Burkhardt hat 2009 unter dem Titel *Deutsche Geschichte* eine kurz gefasste «Meistererzählung» des Alten Reiches präsentiert und die politischen Aspekte der frühneuzeitlichen Nationsbildung erläutert. *Anton Schindling, Die Deutschen und der Dreißigjährige Krieg* beschäftigt sich in der von *Helmut Neuhaus* und *Barbara Stollberg-Rilinger* edierten *Festschrift für Johannes Kunisch* (2002) mit der Frage, warum dieser Krieg so tiefe Spuren in der deutschen Erinnerungskultur hinterlassen hat. Die perspektivenreiche, nach dem Vorbild der «Ideen im Kontext» gearbeitete Untersuchung von *Alexander Schmidt, Vaterlandsliebe und Religionskonflikt* (2007) rekonstruiert u.a. den publizistischen Diskurs im Umfeld des Prager Friedens und verbindet ihn mit übergreifenden Loyalitätsfragen. *Wilhelm Kühlmann* hat *Sprachgesellschaften und nationale Utopien* in den Blick genommen (in: *Dieter Langewiesche/Georg Schmidt (Hgg.), Föderative Nation,* 2000) und ein von *Klaus Manger* editierter Sammelband *Die Fruchtbringer – eine Teutschhertzige Gesellschaft* fasste 2001 die Forschungen zu der ältesten deutschen Sprachsozietät zusammen.

Georg Schmidt, Die «deutsche Freiheit» und der Westfälische Friede, in: *Asch u.a., Frieden und Krieg* diskutiert den Vorwurf, die Habsburger wollten ein «absolutes Dominat» errichten, sowie die unter dem Schlagwort der «teutschen Freiheit» subsumierten Gegenvorstellungen. Dieser Frage ist auch die 2001 erschienene Untersuchung von *Peer Schmidt, Spanische Universalmonarchie oder «teutsche Libertät». Das spanische Imperium in der Propaganda des Dreißigjährigen Krieges* gewidmet. Zur deutschen Freiheit als Leitmotiv reichsverfassungsrechtlicher Auseinandersetzungen und als eigenständiger Teil des europäischen Wegs der Freiheit: *Georg Schmidt, Die Idee «deutsche Freiheit»*, in: *Ders. u.a. (Hgg.), Kollektive Freiheitsvorstellungen im frühneuzeitlichen Europa (1400–1850)* (2006).

Die internationale Staatenordnung

Über die Politik der europäischen Mächte informieren die älteren Werke: *John H. Elliott, Imperial Spain, 1469–1716* (1965); *Theodore K. Rabb, The Struggle for Stability in Early Modern Europe* (1975); *R. J. Bonney, Political Change in France under Richelieu and Mazarin 1624–1661* (1978); *Konrad Repgen, Die römische Kurie und der Westfälische Frieden, 2 Teile* (1962/65); *Jonathan I. Israel, The Dutch Republic and the Hispanic World 1606–1661* (1982); *Jürgen Wollenberg, Richelieu: Staatsräson und Kircheninteresse* (1977) und *Paul Douglas Lockhart, Denmark in the Thirty Years' War 1618–1648* (1996) sowie die entsprechenden Beiträge im *Ausstellungskatalog, Bd. 1* (1998). *István Hiller, Feind im Frieden* verdeutlicht, dass Konstantinopel während des Krieges ein diplomatisches Zentrum für die kriegführenden Mächte Europas war (in: *Duchhardt, Friede,* 1998).

Einen vergleichsweise geringen Raum nimmt der Dreißigjährige Krieg hingegen in der Überblicksdarstellung von *Günter Vogler, Europas Aufbruch in die Neuzeit 1500–1650* (2003) ein. Die Konflikte in Oberitalien zur Zeit Richelieus analysieren *Sven Externbrink* unter dem Titel *Le Cœur du monde* (1999) sowie *Andreas Wendland, Vom Nutzen der Pässe und die Gefährdung der Seelen* (1995). Zu den nordischen Königreichen bietet der von *Matthias Asche* besorgte Sammelband *Dänemark, Norwegen und Schweden im Zeitalter der Reformation und der Konfessionalisierung* (2002) einen instruktiven Überblick. Mit dem Frieden und der Entstehung des europäischen

Staatensystems beschäftigen sich *Derek Croxton, The Peace of Westphalia of 1648 and the Origins of Sovereignty* (in: *The International History Review* 1999), *Heinz Duchhardt, Westphalian System* (in: *Historische Zeitschrift* 1999) sowie *Benno Teschke* unter dem Titel *Mythos 1648* (2007).

Biographien
Zu dem von *Anton Schindling* und *Walter Ziegler* 1990 herausgegebenen Band *Die Kaiser der Neuzeit* haben *Volker Press* und *Dieter Albrecht* Lebensbilder von Matthias und Ferdinand II. beigetragen. Zudem ist auf *Thomas Brockmann, Dynastie, Kaiseramt und Konfession* (2008) zu verweisen, der Ferdinand II. und seine Ordnungsvorstellungen neu deutet. Gewichtige Aspekte zur Reichspolitik Ferdinands III., vor allem aber eine Würdigung des bisher unterschätzten kaiserlichen Kommissionswesens bietet *Eva Ortlieb, Im Auftrag des Kaisers* (2001). *Lothar Höbelt* zeichnet in seiner Biographie *Ferdinand III. Friedenskaiser wider Willen* (2008) das Porträt eines Reichsoberhauptes, das vor allem auf widrige Umstände reagiert und selten eigene Ambitionen formuliert, geschweige denn verfolgt.

Dieter Albrecht hat *Maximilian I. von Bayern, 1573–1651* (1998) eine umfangreiche Biographie gewidmet. Seinen Gegenspieler porträtiert *Brennan C. Pursell, The Winter King* (2003). Über Wallenstein informieren noch immer die beiden Biographien von *Hellmuth Diwald* (1969) und *Golo Mann* (1971), ohne alle Rätsel lösen zu können. Dessen Beurteilung in der deutschen Geschichtsschreibung reflektiert *Holger Mannigel, Wallenstein in Weimar, Wien und Berlin* (2003). Mit Wallensteins Ermordung und der unbewiesen gebliebenen Anklage des Hochverrats setzt sich *Christoph Kampmann, Reichsrebellion und kaiserliche Acht* (1992) detailliert auseinander. Der schwedische König Gustav II. Adolf hat in *Michael Roberts (Gustavus Adolphus. A History of Sweden 1611–1632*, 1953) und in *Günter Barudio (Gustav Adolf – der Große*, 1982) umfangreichere biographische Würdigungen erfahren. Barudio ist freilich der Gefahr nicht immer entgangen, die großen Verdienste seines «Helden» überzubetonen. *Frank Liemandt* hat 1998 *Die zeitgenössische literarische Reaktion auf den Tod des Königs Gustav II. Adolf von Schweden* zusammengetragen und kommentiert. Zu dessen Beurteilung in der Geschichtsschreibung: *Sverker Oredsson, Geschichtsschreibung und Kult* (1994). Einem umstrittenen «deutschen» Kriegshelden gilt die Mikrofiche-Ausgabe der Berliner Dissertation *Diplomatie und Feldherrnkunst im Dreißigjährigen Krieg: Herzog Bernhard von Weimar im Spannungsfeld der französischen Reichspolitik 1633–1639* von 1998. *Astrid Ackermann* analysiert im *Historischen Jahrbuch* (2009) Bernhard von Weimar unter dem Titel: *Die Erfolgsgeschichte eines «deutschen Heldens»*. *Jörg-Peter Findeisen* hat 1998 Lebensbilder herausragender Persönlichkeiten des Dreißigjährigen Krieges zusammengetragen, *Robert Rebitsch* 2006 eine Monographie zum kaiserlichen Generalleutnant *Matthias Gallas* vorgelegt.

Militär und Kriegsgeschehen
Die militärgeschichtlichen Forschungen zum Dreißigjährigen Krieg werden geprägt von *Herbert Langers Kulturgeschichte*, dem zweibändigen Werk von *Fritz Redlich, The German Military Enterpriser and his Work Force* (1964) und *Geoffrey Parker, Die militärische Revolution. Die Kriegskunst und der Aufstieg des Westens 1500–1800* (1990). Zudem sind der ältere Aufsatz von *Michael Roberts, Die militärische Revolution 1560–1660*, der in dem von *Ernst Hinrichs* 1986 herausgegebenen Sammelband *Absolutismus* leicht zugänglich ist, sowie die Studie von *Bernhard Kroener, Soldat oder Soldateska?*, in dem von *Manfred Messerschmidt* u.a. 1982 herausgegebenen Band *Militärgeschichte. Probleme, Thesen, Wege* heranzuziehen. *Reinhard Baumann, Landsknechte (1994)* beschäftigt sich mit der Organisation, den Problemen und dem Selbst-

verständnis der Söldnerarmeen. Vgl. hierzu auch die Beiträge von *Voß, Kroener, Langer* und *Ericson* im *Ausstellungskatalog* (1998). *Georg Schmidt* untersuchte 1997 das Problem des sozialen Aufstiegs im Militär (*Voraussetzung oder Legitimation?*, in: *Otto Gerhard Oexle/Werner Paravicini (Hgg.), Nobilitas), Bernhard Sicken* den Übergang zum stehenden Heer (*Der Dreißigjährige Krieg als Wendepunkt*, in: *Duchhardt, Friede* (1998)) und *Michael Kaiser* die Bevölkerung als militärischen Faktor (in: *Bernhard R. Kroener/Ralf Pröve (Hgg.), Krieg und Frieden, Paderborn u.a.* 1996). Die Anwendung und Erfahrung von Gewalt beleuchtet zusammenfassend *Andreas Klinger, Formen der Gewalt im Dreißigjährigen Krieg*, in: *Gerhard Armanski/Jens Warburg (Hgg.), Der gemeine Unfrieden der Kultur* (2001). *William P. Guthrie* fasst in seinen beiden Bänden *Battles of The Thirty Years War: From White Mountain to Nordlingen, 1618–1635* (2002) und *The Later Thirty Years War. From the Battle of Wittstock to the Treaty of Westphalia* (2003) die Entwicklung der Waffentechnik und Kriegstaktik zusammen. Für diejenigen, die sich vor allem für die militärischen Akteure, die Hauptschlachten und Einzelheiten des Militärwesens interessieren, sind diese Bücher eine Fundgrube, wenn auch nicht frei von Fehlern. Zudem entspricht sein Interpretationsrahmen nicht immer den neueren Forschungsergebnissen.

Zur innenpolitischen Entwicklung in Österreich, Böhmen und Ungarn sollte *Robert J. Evans, Das Werden der Habsburgermonarchie* (1986) herangezogen werden. Zur ersten Kriegsphase sind noch immer wichtig: Die 1959 erschienene Studie von *Hans Sturmberger, Aufstand in Böhmen, Eberhard Straub, Pax et Imperium* (1980) und *Franziska Neuer-Landfried, Die katholische Liga* (1968). Zuletzt haben *Frank Müller, Kursachsen und der Böhmische Aufstand 1618–1622 (1997)* und *Axel Gotthard* die kursächsische Politik pointiert analysiert (vgl. *«politice seint wir bäpstisch»*, in: *Zeitschrift für Historische Forschung* (1993); *Protestantische «Union» und katholische «Liga»*, in: *Volker Press (Hg.), Alternativen zur Reichsverfassung*, 1995; *«wer sich salviren könd, solts thun». Warum der deutsche Protestantismus in der Zeit der konfessionellen Polarisierung zu keiner gemeinsamen Politik fand*, in: *Historisches Jahrbuch* 2001). Die Kriegspolitik des bayerischen Gegenspielers der Habsburger analysierte *Michael Kaiser* 1999 unter dem Titel *Maximilian von Bayern, Tilly und die Katholische Liga im Dreißigjährigen Krieg*. Mit der Legitimation des schwedischen Kriegseintrittes hat sich Pärtel Piirimäe 2002 (in: *The Historical Journal*) beschäftigt.

Ein gelungenes Staatsgründungsexperiment mitten im Krieg in einer der am schwersten betroffenen Regionen rekonstruiert *Andreas Klinger, Der Gothaer Fürstenstaat* (2002). Er zeigt zudem, wie der lutherische Glauben und die Moral der Bevölkerung verbessert werden sollten. *Hans Medick* hat die *Zerstörung Magdeburgs als Historisches Ereignis und zeitgenössische Erfahrung* (in: *Krusenstjern/Medick (Hgg.), Zwischen Alltag und Katastrophe*, 1999) beleuchtet und *Herbert Langer* 1995 den Heilbronner Bund gewürdigt (in: *Press, Alternativen*). Zu den letzten Kriegsjahren vgl. *Ernst Höfer, Das Ende des Dreißigjährigen Krieges* (1997). Über die Verhandlungen, die schließlich zum Abzug der Soldaten führten, berichtet *Antje Oschmann, Der Nürnberger Exekutionstag* (1991).

Der Westfälische Frieden

Derek Croxton und *Anuschka Tischer* haben unter dem Titel *The Peace of Westphalia* (2002) ein informatives Lexikon publiziert. *Rainer Babel, Le diplomate au travail* (2005) beschäftigt sich mit der Kommunikation und den Entscheidungsprozessen im Umfeld des Westfälischen Friedenskongresses. Die kommentierten Quellen- und Textauszüge, die *Herbert Langer* zusammen mit einem einordnenden Essay unter dem Titel *Der Westfälische Frieden* 1994 publizierte, können die eindringliche Schilderung des Friedenskongresses und seiner Ergebnisse von *Fritz Dickmann* nicht ersetzen. Dessen keineswegs veraltete Monographie *Der Westfälische Frieden* ist 1998 in siebter Auflage erschienen. *Konrad Repgen* hat unter dem Titel *Der Westfälische Friede. Ereignis, Fest und Erinnerung* das Wissen zum historischen Geschehen und zu dessen Rezeption 1999 noch einmal zusammengefasst. Wie erhellend ein komparatistischer Zugriff sein kann, verdeutlicht *Gabriele Haug-Moritz* mit ihrem Vergleich dieses Friedens- als eines Verfassungskongresses mit demjenigen von Wien (1814/15) im *Historischen Jahrbuch* (2004).

Über Positionen und Verhandlungsstrategien der europäischen Mächte im Krieg und während der Friedensverhandlungen informieren u.a. *Simon Groenveld, Klaus Malettke, Bernd Roeck, Jørgen Hein* und *Jonathan Israel* (*Ausstellungskatalog*, 1998). Zur französischen Politik liegt seit 1999 die Monographie *Französische Diplomatie und Diplomaten auf dem Westfälischen Friedenskongreß: Außenpolitik unter Richelieu und Mazarin* von *Anuschka Tischer* vor. Die Frage, ob der Westfälische Frieden ein «europäischer» war, wird kontrovers diskutiert. *Heinhard Steiger* nennt nicht das Friedensgebiet, wohl aber die Friedensfindung europäisch, weil sie den Weg in Richtung auf die diplomatische Gleichrangigkeit aller souveranen Staaten gewiesen habe. (*Ausstellungskatalog* 1998, vgl. auch *ders., Der Westfälische Frieden. Grundgesetz für Europa?*, in: *Duchhardt, Friede*, 1998). *Karl-Heinz Ziegler* sieht in seiner 1999 publizierten Studie *Der Westfälische Frieden von 1648 in der Geschichte des Völkerrechts* in diesem Frieden nicht nur ein Grundgesetz des Reiches, sondern des europäischen Staatensystems (in: *Schröder, 350 Jahre Westfälischer Friede*). Diesbezüglich skeptischer ist *Meinhard Schröder, Der Westfälische Friede – eine Epochengrenze in der Völkerrechtsentwicklung?* (in: *ebenda*). Zusammenfassend äußert sich dazu *Johannes Arndt, Ein europäisches Jubiläum: 350 Jahre Westfälischer Friede* (In: *Jahrbuch für Europäische Geschichte* 2000). Dass der europäische Universalfriede ein Traum blieb, belegt auch *Michael Rohrschneider*. Sein sprechender Titel *Der gescheiterte Frieden von Münster* (2007) signalisiert, dass Spanien und Frankreich ihren Krieg zu diesem Zeitpunkt nicht beenden wollten. Nützliche prosopographische Angaben bietet der von *Georg Kaster* und *Gerd Steinwascher* 1996 herausgegebene Katalog: *«... zu einem stets währenden Gedächtnis». Die Friedenssäle in Münster und Osnabrück und ihre Gesandtenporträts*.

Krieg und sozialer Wandel

Die wichtigste Untersuchung zu den sozialen Auswirkungen des langen Krieges ist noch immer *Günther Franz, Der Dreißigjährige Krieg und das deutsche Volk* (1940, 4.Aufl. 1979). Er interpretiert regionale Differenzierungen der gravierenden Bevölkerungsverluste, der Neuansiedelungen und der agrargeschichtlichen Folgen des Krieges. Die Ergebnisse von Franz werden für das nach 1634 besonders schwer betroffene Herzogtum Württemberg von *Wolfgang von Hippel* in seinem Aufsatz *Bevölkerung und Wirtschaft im Zeitalter des Dreißigjährigen Krieges* (in: *Zeitschrift für Historische Forschung*, 1978) bestätigt und aufgeschlüsselt. Überzeugend ist sein Fazit, dass sozial- und wirtschaftsgeschichtliche Regionalanalysen nicht nur in die überregionalen Zusammenhänge, sondern auch in die politische Geschichte eingebettet werden müssen. Zur Kritik der Ergebnisse von Franz wichtig: *John Theibault, The Demography of the Thirty Years War revisited: Günther Franz and his Critics*, in: *German History* 1997. *Wolfgang Behringer* hat die Studie von Franz wegen ihres wissenschaftlich verschleierten Rassismus als «kriegswichtiges Buch» klassifiziert (*Von Krieg zu Krieg. Neue Perspektiven auf das Buch von Günther Franz «Der Dreißigjährige Krieg und das deutsche Volk»*, in: *Benigna von Krusenstjern/Hans Medick (Hgg.), Zwischen Alltag und Katastrophe. Der Dreißigjährige Krieg aus der Nähe)*. Die Kriegsfolgenbewältigung in Gestalt von Migrationssteuerung und Konfessionspolitik rekonstruiert exemplarisch *Matthias Asche, Neusiedler im verheerten Land* (2006). Die Inszenierung der Macht zeigt *Jutta Schumann, Die andere Sonne* (2003), die sich mit dem Kaiserbild Leopolds I. auseinandersetzt.

Ein besonders instruktives Beispiel bäuerlicher Wirtschaftstätigkeit während des Krieges hat bereits 1952 *Ingomar Bog, Die bäuerliche Wirtschaft im Zeitalter des Dreißigjährigen Krieges. Die Bewegungsvorgänge in der Kriegswirtschaft nach den Quellen des Klosterverwalteramtes Heilsbronn* erarbeitet. Er zeigt, dass selbst unter dem größten Druck bei entsprechendem Wollen und geschicktem Verhalten Aussaat und Ernte möglich waren. Den von dem langen Krieg ausgelösten Wandel für den Adel, die Bauern, das Stadtbürgertum und die Konfessionen analysiert *Volker Press, Soziale Folgen des Dreißigjährigen Krieges* (in: *ders., Das Alte Reich*, 1997). Die gesellschaftliche Situation und die vielfältigen Veränderungen nach dem großen Krieg hat *Christof Dipper, Deutsche Geschichte 1648–1789* (1991) kompetent und anschaulich beschrieben.

Rezeption

Die verfassungsrechtlichen Verhältnisse nach dem Westfälischen Frieden bis hin zur Wirksamkeit der Reichsgerichte beleuchten *Volker Press* in seiner bereits genannten Aufsatzsammlung und, wenn auch mit anderer Schwerpunktsetzung, *Karl Otmar Freiherr von Aretin, Das Alte Reich 1648–1806* (1993). Dort finden sich auch weitere Überlegungen zu den Friedensverträgen als einer ersten Grundlage des sich entwickelnden europäischen Staatensystems. Die von *Kurt von Raumer* 1953 herausgegebene Textsammlung *Ewiger Friede* bleibt einschlägig. Den Weg vom Frieden zur Neugestaltung des Reichstages analysiert erstmals auf breiter Quellengrundlage *Anton Schindling, Die Anfänge des Immerwährenden Reichstags zu Regensburg* (1989). Die konfessionellen Konsequenzen des Friedenswerkes stehen zudem im Mittelpunkt weiterer Aufsätze des gleichen Autors. Für die Bewertung des Westfälischen Friedens erweist sich *Bernd Mathias Kremer, Der Westfälische Friede in der Deutung der Aufklärung* (1989) als wahre Fundgrube. Über *Die Rezeption des Westfälischen Friedens durch die deutsche Geschichtswissenschaft* berichten *Bernd Schönemann* (in: *Duchhardt, Friede*, 1998) und mit einer gehörigen Portion Skepsis gegenüber zu positiven neueren Bewertungen *Berthold Grzywatz, Der Westfälische Frieden als Epochenereignis* (in: *Zeitschrift für Geschichtswissenschaft*, 2002). *Martin Wrede* klärte 2004 über *Das Reich und seine Feinde* nach 1648 auf.

Für die Mentalitätsgeschichte des Krieges erscheinen vergleichende Untersuchungen der Friedensfeste und Gedenkfeiern notwendig, weil hier das Bild des Krieges für die nachfolgenden Generationen geprägt wurde. Dazu *Bernd Roeck, Der Dreißigjährige Krieg und die Menschen im Reich*, in: *Kroener/Pröve, Krieg und Frieden.* Zu den Friedensfesten neben *Konrad Repgen* und einigen anderen Autoren vor allem *Claire Gantet* im Ausstellungskatalog 1998, im 1. Bd. der *Deutschen Erinnerungsorte* (2001) und in ihrer ebenfalls 2001 erschienenen Monographie *La paix de Westphalie (1648). Une histoire sociale, XVIIe-XVIIIe siècles*. Das zumindest von der protestantischen Bevölkerung mit erkennbarem Aufwand bis zum Ende des Alten Reiches jährlich gefeierte Augsburger Friedensfest beleuchten *Johannes Burkhardt und Stephanie Haberer* (2000). Studien zu solchen Feierlichkeiten in Gotha, Weimar und Erfurt bieten *Andreas Klinger* (in: *Zeitschrift des Vereins für Thüringische Geschichte*, 1997) und *Marcus Ventzke* (in: *Mitteilungen des Vereins für Geschichte und Altertumskunde Erfurt*, 2000).

Ein erster Überblick zur Wahrnehmungsgeschichte des Krieges findet sich in *Krusenstjern/Medick, Zwischen Alltag und Katastrophe*, 1999 sowie in den genannten Sammelwerken zu Wien und Hamburg. *Kevin Cramer, The Thirty Years' War and German memory in the nineteenth century* hat 2007 noch einmal darauf aufmerksam gemacht, welch wichtige Rolle die angebliche Opferrolle des deutschen Volkes im Dreißigjährigen Krieg für die nationale Identität im 19. Jahrhundert spielte. Die Wege und Irrwege der nationalen Interpretationskämpfe in der Mitte des 19. Jahrhunderts verdeutlicht auch *Hilmar Sack, Der Krieg in den Köpfen* (2008), der gegen allzu forsche Umdeutungen darauf verweist, dass sich das lange gehegte deutsche Trauma nicht einfach in einen europäischen Erinnerungsort umdeuten lässt.

Register

Die Begriffe «Deutschland», «Reich» und «Habsburg» wurden wegen der häufigen Nennungen nicht aufgenommen.
Abkürzungen: Hz. = Herzog; Kf. = Kurfürst; Kg./Kgin. = König/Königin; Lgf. = Landgraf; Mkgf. = Markgraf; v. = von

C.H.BECK **WISSEN**
in der Beck'schen Reihe

Zuletzt erschienen:

2219: Brügge, **Jean Sibelius. Symphonien und symphonische Dichtungen**
2451: Hochgeschwender, **Der amerikanische Bürgerkrieg**
2458: Körner, **Die Wittelsbacher**
2459: Zwickel, **Das Heilige Land**
2463: Gerhard, **Frauenbewegung und Feminismus**
2472: Sarnowsky, **Die Templer**
2473: Anz, **Franz Kafka**
2474: Edler, **Robert Schumann**
2475: Ehlers, **Der Hundertjährige Krieg**
2476: Kolb, **Bismarck**
2477: Mai, **Die Weimarer Republik**
2478: Nußberger, **Das Völkerrecht**
2479: von der Oelsnitz, **Management**
2480: Roelcke, **Geschichte der deutschen Sprache**
2481: Kreiser, **Geschichte Istanbuls**
2482: Popplow, **Technik im Mittelalter**
2483: Recker, **Konrad Adenauer**
2484: Siemann, **Metternich**
2485: Engels, **Die Sieben Weisen**
2486: Greiner, **Die Kuba-Krise**
2487: Duchhardt, **Freiherr vom Stein**
2488: Urbach, **Queen Victoria**
2489: Floros, **Gustav Mahler**
2490: Dittelbach, **Geschichte Siziliens**
2491: Coulmas, **Hiroshima**
2492: Schieffer, **Papst Gregor VII.**
2503: Schwarz, **Giotto**
2505: Zöllner, **Botticelli**
2510: zur Capellen, **Raffael**
2511: Büttner, **Vermeer**
2512: Prohaska, **Caravaggio**
2560: Schneede, **Die Kunst der Klassischen Moderne**
2561: Ursprung, **Die Kunst der Gegenwart**
2571: Brinker, **Die chinesische Kunst**
2603: Stöver, **Geschichte Berlins**
2612: Behringer/Clemens, **Geschichte des Saarlandes**